イエスの降誕物語

クリスマス説教集

及川　信

教文館

まえがき

ここに収録したものは、いずれも中渋谷教会の礼拝で語った説教である。筆者の個人的なことになるが、二〇一四年十一月から二〇一五年十二月まで一年一か月の長きにわたって脳梗塞により入院を余儀なくされ、その後も右半身失調や嚥下などの障碍が残っている。現在はリハビリの日々でもあるが、牧師としてできる限りのことをさせてもらっている。

収録したものはいずれも入院前のものであるが、(一) のマタイによる福音書のものは、二〇一二年のクリスマス、(二) は二〇一三年のクリスマス。(三) のルカによる福音書のものは、二〇一〇年のクリスマスに語った。(三) の末尾にあるシメオンやアンナに関しては、市販の説教集などに入っていないことが多いので敢えて入れた。

収録した説教の順番は、語った年代から言えばルカによる福音書が最初であるかもしれないが、『聖書』の順にした。マルコによる福音書やヨハネによる福音書には、いわゆるクリスマス物語はない。そこでクリスマス物語は、マタイによる福音書とルカによる福音書にあることになるのだが、マタイによる福音書は一章と二章だけがクリスマスに関係があり、一章の系図に関しては二〇一二年の説教だけに入っている。二〇一三年は、年始の詩編の説教で系図に関して語ったので割愛してある。ルカによる福音書は最初からクリスマス物語でもあるのだが、マリアからのものにした。また、ルカによる福音書は連続講解説教の途中のものである。

いずれの説教を読んでも、クリスマスの物語は単純に人を喜ばせるものではないことを分かっていただけると思う。

目次

装丁　熊谷　博人

マタイによる福音書（一章一―六節、一七―二五節、二章一―二三節）

1

イエス・キリストの系図

[1]アブラハムの子ダビデの子、イエス・キリストの系図。
[2]アブラハムはイサクをもうけ、イサクはヤコブを、ヤコブはユダとその兄弟たちを、[3]ユ
ダはタマルによってペレツとゼラを、ペレツはヘツロンを、ヘツロンはアラムを、[4]アラムはア
ミナダブを、アミナダブはナフションを、ナフションはサルモンを、[5]サルモンはラハブによっ
てボアズを、ボアズはルツによってオベドを、オベドはエッサイを、[6]エッサイはダビデ王をも
うけた。
ダビデはウリヤの妻によってソロモンをもうけた。

（中略）

[17]こうして、全部合わせると、アブラハムからダビデまで十四代、ダビデからバビロンへの移
住まで十四代、バビロンへ移されてからキリストまでが十四代である。

イエス・キリストの誕生

[18]イエス・キリストの誕生の次第は次のようであった。母マリアはヨセフと婚約していたが、
二人が一緒になる前に、聖霊によって身ごもっていることが明らかになった。[19]夫ヨセフは正

しい人であったので、マリアのことを表ざたにするのを望まず、ひそかに縁を切ろうと決心し
た。[20]このように考えていると、主の天使が夢に現れて言った。「ダビデの子ヨセフ、恐れず妻
マリアを迎え入れなさい。マリアの胎の子は聖霊によって宿ったのである。[21]マリアは男の子を
産む。その子をイエスと名付けなさい。この子は自分の民を罪から救うからである」。[22]このす
べてのことが起こったのは、主が預言者を通して言われていたことが実現するためであった。

[23]「見よ、おとめが身ごもって男の子を産む。
その名はインマヌエルと呼ばれる」。

この名は、「神は我々と共におられる」という意味である。[24]ヨセフは眠りから覚めると、主
の天使が命じたとおり、妻を迎え入れ、[25]男の子が生まれるまでマリアと関係することはなかっ
た。そして、その子をイエスと名付けた。

2

占星術の学者たちが訪れる

[1]イエスは、ヘロデ王の時代にユダヤのベツレヘムでお生まれになった。そのとき、占星
術の学者たちが東の方からエルサレムに来て、[2]言った。「ユダヤ人の王としてお生まれに
なった方は、どこにおられますか。わたしたちは東方でその方の星を見たので、拝みに来たので
す」。[3]これを聞いて、ヘロデ王は不安を抱いた。エルサレムの人々も皆、同様であった。[4]王は
民の祭司長たちや律法学者たちを皆集めて、メシアはどこに生まれることになっているのかと問
いただした。[5]彼らは言った。「ユダヤのベツレヘムです。預言者がこう書いています。

6『ユダの地、ベツレヘムよ、
お前はユダの指導者たちの中で
決していちばん小さいものではない。
お前から指導者が現れ、
わたしの民イスラエルの牧者となるからである』」。
7そこで、ヘロデは占星術の学者たちをひそかに呼び寄せ、星の現れた時期を確かめた。8そ
して、「行って、その子のことを詳しく調べ、見つかったら知らせてくれ。わたしも行って拝も
う」と言ってベツレヘムへ送り出した。9彼らが王の言葉を聞いて出かけると、東方で見た星が
先立って進み、ついに幼子のいる場所の上に止まった。10学者たちはその星を見て喜びにあふれ
た。11家に入ってみると、幼子は母マリアと共におられた。彼らはひれ伏して幼子を拝み、宝の
箱を開けて、黄金、乳香、没薬を贈り物として献げた。12ところが、「ヘロデのところへ帰るな」
と夢でお告げがあったので、別の道を通って自分たちの国へ帰って行った。

エジプトに避難する

13占星術の学者たちが帰って行くと、主の天使が夢でヨセフに現れて言った。「起きて、子供
とその母親を連れて、エジプトに逃げ、わたしが告げるまで、そこにとどまっていなさい。ヘロ
デが、この子を探し出して殺そうとしている」。14ヨセフは起きて、夜のうちに幼子とその母を
連れてエジプトへ去り、15ヘロデが死ぬまでそこにいた。それは、「わたしは、エジプトからわ

たしの子を呼び出した」と、主が預言者を通して言われていたことが実現するためであった。

ヘロデ、子供を皆殺しにする

[16]さて、ヘロデは占星術の学者たちにだまされたと知って、大いに怒った。そして、人を送り、学者たちに確かめておいた時期に基づいて、ベツレヘムとその周辺一帯にいた二歳以下の男の子を、一人残らず殺させた。[17]こうして、預言者エレミヤを通して言われていたことが実現した。

[18]「ラマで声が聞こえた。
激しく嘆き悲しむ声だ。
ラケルは子供たちのことで泣き、
慰めてもらおうともしない、
子供たちがもういないから」。

エジプトから帰国する

[19]ヘロデが死ぬと、主の天使がエジプトにいるヨセフに夢で現れて、[20]言った。「起きて、子供とその母親を連れ、イスラエルの地に行きなさい。この子の命をねらっていた者どもは、死んでしまった」。[21]そこで、ヨセフは起きて、幼子とその母を連れて、イスラエルの地へ帰って来た。[22]しかし、アルケラオが父ヘロデの跡を継いでユダヤを支配していると聞き、そこに行くこ

とを恐れた。ところが、夢でお告げがあったので、ガリラヤ地方に引きこもり、23ナザレという
町に行って住んだ。「彼はナザレの人と呼ばれる」と、預言者たちを通して言われていたことが
実現するためであった。

（一）

イエス・キリストの系図

マタイによる福音書一章一―六節、一七節

今日から四回の礼拝において、マタイによる福音書が記すイエス様の誕生の次第を読んでいきたいと思います。

ファミリーヒストリー

皆さんの中にも御覧になっている方がおられると思いますが、NHKで「ファミリーヒストリー」という番組が放映されています。役者やスポーツ選手、またタレントの先祖たちがどのような歩みをしてきたのかを番組スタッフが調査して再現ドラマに仕立てている番組です。三代、四代前の先祖の歴史については、ドラマを見させられるまで、その当人たちは何も知らないのです。私も祖父以上になると何も知りません。

その番組に登場する人々の先祖には由緒正しい家柄の人もいれば、庶民の人もいます。かつては地位が高かった家柄の人が、明治維新とか戦争という歴史の荒波の中でどん底に叩き落とされたり、そこから這い上がったりと色々です。元々は中国内陸部にいた先祖が台湾に渡り、さらに日本にまで渡って来たという方もいました。

そういう先祖たちの歩みを映像で見せられた人は、一様に目に涙を浮かべて先祖の苦労に思いを馳せ、今生きている自分が何者であるか、これからどのように生きていかねばならないのかを深く考えさせられるのです。

系図が表す時代の変遷

（一）

マタイが記すイエス・キリストの系図は、アブラハムからダビデ王まで、ダビデ王からバビロンへの移住（捕囚）まで、そして、バビロンからイエス・キリストまで、それぞれ十四代で区切られていきます。完全数と言われる七の倍数です。イスラエルの誕生から栄光の時代、栄光から転げ落ちる没落の時代、そして、暗黒の時代と言ってよいかもしれません。

今は選挙期間中ですが、「日本を取り戻す」というキャッチフレーズを聞きます。日本のいつの時代の何を取り戻そうとしているかは、その言葉だけではよく分かりません。この国も、明治維新以降は激動の時代を生きてきました。富国強兵、殖産興業、領土拡大路線が敗戦によって破綻して以後は、経済大国を目指して世界第二位までになりました。しかし、今は経済的にも政治的にも落ち目になっています。精神的にはどうなのか、その点についての評価は割れるでしょう。今後、この国がどのような歴史を生きていくのか、それは誰にも分かりません。

イエス・キリストの系図に記されている歴史は、優に千年を越えます。千年前に今の日本を想像できた人はいないし、千年後の日本を思い浮かべることができる人もいません。十年後ですら予想がつかないのです。私たちは歴史の中を生きている存在であり、歴史を外から見ることができるわけではなく、まして、歴史を導く者でも支配する者でもないからです。

マタイの系図に名が記されている人々もまた、明日をも知れぬ我が身を抱えて懸命に生きていただけです。そして、まさか自分が「イエス・キリストの系図」に名が記されることになるとは思っていないでしょう。しかし、彼らは「イエス・キリストの系図」に組み込まれている。それは何を意味しているのでしょうか？　それが一つの問題です。

旧約と新約　連続と断絶

マタイによる福音書の一つの特徴は、ことある毎に「……は、主が預言者を通して言われていたことが実現するためであった」というマタイの注釈が出てくることです。イエス様ご自身もしばしば、目の前の現実を指して「預言が実現した」とおっしゃいます。

しかし、弟子たちにこうおっしゃることもある。

「はっきり言っておく。多くの預言者や正しい人たちは、あなたがたが見ているものを見た

かったが、見ることができず、あなたがたが聞いているものを聞きたかったが、聞けなかったのである」。（マタ一三・一七）

マタイによる福音書は新約聖書の冒頭に置かれた書物として、旧約聖書の流れがすべてイエス様に入り込み、イエス様によって実現していく様を描きます。しかし、旧約聖書と新約聖書の間には継承だけがあるのではなく、全く新しい出発がある。あるいは、それが入ってきたら古い革袋を裂いてしまう新しいぶどう酒があることを、イエス様の言葉は表しています。

異邦人　女たち

系図とは基本的に血のつながり、特に純血を表す意図で書かれるもので、この系図も基本的にはそのことを表しています。しかし、この系図の意図はイエス・キリストがアブラハムの子孫であることを明示しつつ、それだけではないことを告げることにあります。この系図の中には、ユダヤ人ではない異邦人も含まれるからです。

また、系図は基本的に男の名が記されていきます。この系図もそうです。しかし、「イエス・キリストの系図」には、マリアを含めて五人の女の名が出てくるのです。そのすべてがいわくつきの人物なのです。

「ユダはタマルによってペレズとゼラを」とあります。しかし、タマルはユダの妻ではありません。

ユダの子どもの嫁だった女性です。しかし、色々なことがあって、彼女は遊女の格好をして舅のユダを騙して子を宿しました。それは彼女の罪というよりはユダの罪なのですが、ペレズとゼラはその様にして生まれたのです。創世記三八章に出てきます。

「サルモンはラハブによってボアズを」とあります。ラハブはエリコという町では有名な娼婦でした。しかし、そのラハブが、エジプトを脱出してきたイスラエルの民が約束の地を取得するために、重要な役割を果たすことになるのです。ヨシュア記に出てきます。

「ボアズはルツによって」のルツは、ルツ記に出てきます。夫が亡くなった後もユダヤ人の姑に献身的に仕える異邦人の女性です。貧しくて落穂ひろいをしながら生活をしており、未来に希望を持てない女性です。その彼女の子孫にダビデ王が生まれることになる。

そのダビデは「ウリヤの妻によってソロモンをもうけ」ます。サムエル記下の一一章から一二章に出てきます。彼女だけは敢えて「バト・シェバ」という名前ではなく、「ウリヤの妻」と記され、人妻であることが強調されているのです。ウリヤはダビデ王に忠実に仕える部下です。その部下の妻と密通し妊娠したことが分かると、ダビデはウリヤを戦闘の最前線に送って殺しました。このことだけが原因ではありませんが、ダビデの王国は息子のソロモン以降は滅亡へと向かっていくことになります。

アブラハムというイスラエルの先祖から始まったこの系図は、このようにして異邦人を巻き込み、女たちを巻き込み、王も娼婦も庶民も巻き込みながら成長しますが、次第に滅亡に向かい暗黒時代に入っていきます。そして、その暗黒が極まった時にイエス様が誕生する。誰も想像し得なかったことですが、「神様がそのように導いたのだ」。マタイは、そう言いたいのだと思います。

（一）

アブラハム　祝福の源

以上のことを踏まえた上で、この系図において決定的に大事な二人の人物について考えておきたいと思います。

まずはアブラハムです。彼はイスラエルの族長です。しかし、それだけでなく、罪によって呪いに落ちた世界を、神様が再び祝福するために神様によって選び立てられた人物でもあります。単に、一つの民族の族長には留まらないのです。

妻のサラは不妊で、子どもが生まれる可能性がありませんでした。創世記一章から一一章までに記されている人類の罪の結果、「産めよ、増えよ、地に満ちよ」という神様の祝福はなくなり、すべてが死で終わるという呪いの中に落ちていたのです。アブラハムはその呪いを身に帯びた人物です。彼に未来はありません。子どもが生まれないのですから、彼の代でその系図は終わるはずでした。

しかし、神様はそういうアブラハムを選び、親族から離れて見知らぬ地に旅立つことを命ぜられました。それまでの彼を破壊し、新しいアブラハムを造り出すためだと思います。

アブラハムは神様の意図を知る由もありませんが、神様の命令に従ってカナンの地にまでやって来ました。そのアブラハムに向かって、神様は「あなたの子孫にこの土地を与える」という約束を与えました。彼の妻は不妊であり、彼は既に高齢であり、またカナンの地においてはよそ者であり、また遊牧民なのです。彼に子どもが生まれるはずもなく、土地を取得できるはずもありません。だから、この約束を信じることは難しいことです。

以後の彼の歩みは、神様の約束を信じるか信じないかを巡ってのものになります。当然のことながら、様々な試練がありました。不信仰に陥ったこともしばしばありました。けれども、神様の忍耐と憐れみの中で彼の信仰は支えられ、また強められていきました。そして、百歳になった時、神様の約束どおりイサクを与えられ、その後、ベエル・シェバに小さな土地を与えられたのです。つまり、神様の約束は二十五年以上の年月を経て実現しました。

試み　主の顕現

しかし、その時に、神様はアブラハムを「試み」ました。彼の愛する独り子であるイサクを、モリヤの山の上で「焼き尽くす献げ物として捧げよ」と命ぜられたのです。その命令を受けた時、アブラハムはもちろん激しく苦悶したでしょう。でも、神様が「先を見ておられる」ことを信じて旅立ち、ついにモリヤの山の上にまで行き、イサクを捧げようとします。自分の手で独り子を犠牲として捧げる痛切な悲しみを経験したのです。

神様は、今まさに刃物をイサクに振り下ろそうとするアブラハムを見た時に、彼が本当に神を畏れる者であることを知り、「その子に手をくだしてはならない」と言い、イサクの代わりに雄羊を用意されました。そして、旅立ちの時に約束した祝福を彼に与え、彼を通して全世界を祝福することを約

（一）

束されたのです。

犠牲は罪の赦しを求めて捧げるものです。アブラハムは神様の「試み」を通して、彼自身の罪を自覚させられていました。だから、彼の罪の赦しを願っていました。でも、彼は全人類の罪をもその身に負い、その執り成しをするためにも立てられた人物なのです。イサク奉献は、その使命を彼が果たすかどうかの「試み」でもあったと思います。そして、彼はその「試み」を通して「主の山には備えがある」（イエラエ）こと、主が贖いの羊を備えて、その羊を通して彼を含む全人類の罪を赦してくださる神であることを知らされたのです。そして、彼を通して、主なる神はそういう神であることが全人類に知らされていくことにもなった。イエス様は、そういう「アブラハムの子」です。しかし、それを越えるキリストです。

ダビデ　神の国の王

ダビデ、彼は「ウリヤの妻」の件だけでなく様々な過ちを犯し、そのことに対する裁きを受けけつつ、イスラエルの王として立てられ続けた人物です。神様は預言者ナタンを通して、「あなたの王座はとこしえに堅く据えられる」（サム下七・一六）と約束されました。彼の子孫が世々にわたって神の国の王座に着くということです。その神様の約束の真実の故に、彼は王として立てられ続けたのです。また、彼は罪を犯しましたけれど、悔い改める人でもありました。

神様は、ご自身の御心を地上で行われる人物を必要とされます。ご自身の支配、その御国をこの地上に広めるためにです。しかし、ダビデの子のソロモンは次第にこの世の富や権力に心を奪われ、彼の死後、王国は分裂し、滅亡の道を歩み、ついに多くの民はバビロンに捕らえ移されてしまいました。

その後、世界史のうねりの中で一部の人間がバビロンからエルサレムに帰還し、神殿を再建しますが、イエス様誕生の時代には、基本的にはローマ帝国の支配下にありました。だから、多くの人々はダビデの子の再来を待ち望んでいました。イエス様は、そういう「ダビデ」の子孫です。しかし、それを越えるキリストなのです。

イエス様は「自分の民を罪から救う」「インマヌエル」だからです。

洗礼者ヨハネ

イエス様が、千年を越えるご自身のファミリーヒストリーをいつどの様に知らされたのかは分かりません。ユダヤ人は子どもたちに聖書を教えていきます。自分たちの民族の歩みを教えていくことを通して、自分たちが何者であり、だからどの様に生きるべきかを考えさせるのです。イエス様もその教育を受けられました。

イエス様は悪魔とも聖書の言葉のみで戦われました。多くの旧約聖書の言葉を引用しつつその御業をなされましたし、現実を説明し、未来のことを預言されます。律法、預言書、詩編などを暗唱することができるのです。

そういうイエス様が、すべての人間の罪を背負い、犠牲となって死に、そのことを通して神様の支配（神の国）をもたらすために自分は生まれたのだと受け止めたのはいつか？　それは、恐らく洗礼者ヨハネから洗礼を受けた時なのではないかと思います。

（一）

天からの声

イエス様が洗礼を受けられた時、神の霊がイエス様に降り、「これはわたしの愛する子、わたしの心に適う者」と言う声が、天から聞こえたのです。この言葉を聞いて後に、イエス様は悪魔の誘惑に勝利をし、「悔い改めよ。天の国は近づいた」と言って神の国の宣教をお始めになります。

だから、洗礼をお受けになった時に、明確な召命をお受けになったと思います。この時に、イスラエルの歴史のすべてをご自分に流れ込んでくる全人類の歴史としてイエス様は受け止められたのではないか、罪によって暗黒にまで落ちてしまった人間の歴史の中に光を灯す使命が与えられていることを、自覚させられたのではないかと思います。

苦悶

そのことを自覚された時、イエス様は心が張り裂けんばかりの苦しみを味わわれたと思います。百年余りのファミリーヒストリーの一端を知らされただけでも、人はその重たさを自覚させられます。イエス様が知らされた歴史は、天地創造に遡る人間の罪の歴史です。アブラハムは、アダム以来の罪による呪いを命の祝福に変えるべく立てられた人物だからです。その歴史、罪の歴史をすべてその身に負わねばならない。それこそが、神様の愛する子の使命、御心に適うことなのだ。イエス様が、そのことを知った瞬間、その心は張り裂けていくしかなかったと思うのです。

暗闇の中の光

もし、イエス様が、洗礼・聖霊・天からの言葉によって与えられる使命を受け入れなければ、イエス様は「自分の民を罪から救う」ために十字架に磔にされることはありません。イエス様がご自身に与えられた使命を受け入れるということは、ご自分があの恐るべき十字架で死ぬことを受け入れることです。「これはわたしの愛する子」と言ってくださった父なる神様に「見捨てられる」ことなのです。それは、イエス様にとって、「わたしは死ぬばかりに悲しい」と呻きつつ悶え苦しむことでした。

イエス様が十字架に磔にされた日、太陽が最も輝く昼の十二時に、「全地は暗くなり、それが三時まで」続きました。その暗黒の中で、イエス様は十字架の上で「わが神、わが神、なぜわたしをお見捨てになったのですか」と叫ばれ、そして「息を引き取られ」ました。

しかし、その時、ローマの百人隊長たちは非常な恐れにとらわれて、「本当に、この人は神の子だった」と言ったのです。人間が、つまり、罪の故に死の暗闇に支配されている人間が、暗黒の中で神に見捨てられて死ぬイエスという人間を見て、これこそ「本当に神の子である」と知る。この方こそ、暗黒の中に輝く光、死を打ち破る命、呪いを祝福に変え、愛による永遠の支配を打ち立てるキリストであることを知る。そのようにして、人間は罪から救われていく。そのことのために、イエス様は生まれ、召命を受け、激しい葛藤と悪魔との戦いの果てに、ガリラヤ地方で「悔い改めよ、天の国は近づいた」と宣教を開始されるのです。ただ神の愛を信じて、この先に何が待っていたとしても、そこに「主の備えがある」ことを信じて新たな救いの歴史を切り開くために旅立ち、その旅を歩み通してくださったのです。

そのことをマタイはこう言います。

それは、預言者イザヤを通して言われていたことが実現するためであった。
（中略）
暗闇に住む民は大きな光を見、
死の陰の地に住む者に光が射し込んだ。
（マタ四・一四―一六）

旧約を越えるキリスト

（一）

イエス・キリストの系図、それはすべての人間が「暗闇に住み」、「死の陰の地に住んでいる」ことを示す系図です。そして、その人間を何が何でも罪から救おうと決意されている神様の救済のご意志を示す系図なのです。そして、その救済の意志は神の子イエス・キリストにおいて完全に示されるのです。

この系図の中に含まれない人間はいません。ユダヤ人も異邦人も、男も女も、身分の高い者も低い者も、皆、この系図の中にはいます。すべてが救われねばならぬ罪人です。だから、私たちがこの系図の中にいます。

その私たちすべてのために、イエス様は暗黒の中で神に見捨てられる裁きを受けられました。罪の贖いの小羊としてご自身を犠牲として捧げられたのです。その点で、イエス様はアブラハムとは決定的に違います。そして、神はご自身の独り子をさえ惜しまずに犠牲としてくださる神様であることをお示しになり、この小羊を通して全世界の民を新たに祝福されたのです。だから、イエス様はアブラハムに代わって全人類に対する新しい祝福の源となられたのです。

この神の子イエス・キリストは、十字架の死を死なれたが故に神様によって復活させられました。そして、復活の主イエスは、ガリラヤの山の上で弟子たちに向かってこうおっしゃったでしょう。

「わたしは天と地の一切の権能を授かっている。だから、あなたがたは行って、すべての民をわたしの弟子にしなさい。彼らに父と子と聖霊の名によって洗礼を授け、あなたがたに命じておいたことをすべて守るように教えなさい。わたしは世の終わりまで、いつもあなたがたと共にいる」。

（マタ二八・一八―二〇）

この点において、イエス様はダビデとは決定的に違います。イエス様がもたらす神の支配は天地を貫き、歴史を貫き、生死を貫くものだからです。人間の目にはしばしば隠されていますが、イエス様

（一）

は今も、神様から授かった権能をもって世界を支配し、歴史を導き、天の国の完成に向かって歩んでおられるのです。私たちはかつて罪の闇の中に住んでいた者です。しかし、今は洗礼を受けたキリスト者です。そして、イエス様を神の子キリストとして宣べ伝え、信じた者に洗礼を授ける教会の枝とされているのです。なんと光栄なことかと思います。そして、そのことのために生きる私たちと、イエス様はいつも共にいてくださいます。イエス様は「インマヌエル」だからです。

神の民の系図に連なる

そのイエス様がお生まれになった。今日も私たちに語りかけ、私たちと共に生きてくださっている。いつか神の国を完成してくださる。そのことを知る時、いや信じる時、どうしてイエス様を賛美しないでいられるでしょうか。どうして証をしないでいられるでしょうか。私たちは今や、「諸人こぞりて、ほめたたえよ、主は来ませり」と賛美しつつ歩む神の民なのですから。

この季節、普段に増して愛する人々を教会に招き、「あなたのために主は生まれた。悔い改めて福音を信じてください」と主の御降誕を感謝し祝うために歩みたいと思います。

聖なる父なる御神

待降節の第二主日に新たにあなたのお招きをいただいて、あなたの御言に聴き、あなたが歴史の中で何をしてくださっているか、これからまた何をしてくださるか、私どもに何を求めておられるか、私どもに何をしてくださるか、教えられて心から感謝いたします。

私たちは本当に闇の中に生まれて闇の中に沈むだけの者でしたけれども、あなたの憐れみの中に置かれて、この地上の生ある時に御子主イエス・キリストの御降誕を知らされ、十字架の死を知らされ、復活を知らされ、昇天を知らされ、そして再臨を信じる者とされました。そのことによって喜びを得、望みを得て、私どもは今生きております。

塵灰に過ぎない者が、しかし今や、この世界の救い主を証しする者として生きることができます。「イエス・キリストは救い主である」。そのことを証しする生と、証しする死を私どもは与えられております。「生きるもキリスト、死ぬもキリスト」。このような幸いを与えてくださいましたことを心から感謝いたします。御神様どうぞ、私どもが知らされたように、この福音を、この良き訪れを知らせる者として私たちをお用いください。

嘆きの中にあり、悩みの中にあり、生きることに何の喜びも望みも見出せない者たちもたくさんいるのですから、どうぞ私たち一人ひとりを用いて御子イエス・キリストを伝える者とならせてください。主イエス・キリストの御名を通して御前にお献げいたします。アーメン。


（二〇一二年十二月九日）

この子は自分の民を罪から救う

マタイによる福音書一章一八―二五節

アドヴェント

私たちは今、アドヴェントの季節を生きています。教会の暦ではアドヴェントから一年が始まります。待降節とか降臨節とか呼ばれます。待降節と言う場合は、イエス・キリストの降誕を待つ季節ということでしょう。しかし、アドヴェントの語源であるラテン語のアドヴェントゥスには「待つ」の意味はありません。「来る」という意味なのです。神の子が人の子として天から来るのですから、「降る」と誕生の「誕」をあわせて「降誕」と言います。これはイエス様の誕生にだけ使われる言葉で、私たち人間に使う言葉ではありません。聖書の「聖」をつけて「聖誕」と言ったりもします。

「神の子」が聖霊によってマリアという女に宿り、「人の子」として生まれる。そのようにしてこの世に来られる。それは非常な危険を冒すことです。だから、アドヴェントはアドヴェンチャーという英語の語源にもなるのです。天から地へ、あるいは霊から肉へ来る。光が闇の中に、神が人の中へとやって来られる。それが危険な「冒険」（アドベンチャー）であることは明らかです。そこには、それまでの神のあり方の根本的な変革、破壊と言ってもよい出来事があります。

クリスマス

クリスマスとは「キリスト礼拝」のことです。巷では、サンタクロースが主人公の浮かれた祭りのようになっています。しかし、実際のクリスマスとは、非常な危険を冒してそれまでのご自身のあり方を破ってこの世にお生まれになった方を自分に受け入れ、そして礼拝することです。それは、それまでの自分の殻を保ったままできることではないはずです。そこには根本的な変革、破壊と言ってもよいことが起こっているはずなのです。だから、クリスマスは非常に危険な祭りなのです。

アブラハム　呪いを身に帯びた者

私が「危険な冒険」という言葉で思い出すのは、「イエス・キリストの系図」の最初に出てくるアブラハムのことです。

アブラハムはイスラエルの民の先祖であるに留まらず、罪によって呪いに落ちた世界に神様の祝福をもたらす人間になった人です。今、「なった」と言いました。それは、アブラハムが最初からそういう人間で「あった」わけではないからです。彼には妻サラがいました。しかし、彼らの間には子どもが生まれませんでした。「産めよ、増えよ、地に満ちよ」という神様の祝福を、人は罪によって呪いに変えてしまい、命を生み出すことができなくなったのです。彼の系図は彼の死で終わり、彼に未来はありません。そういう意味で、アブラハムはアダム以来の人間の歴史をその身に負わされた人間なのです。

(一)

アブラハム　自由を与えられた者

神様はそのアブラハムを選び、「生まれ故郷、父の家を離れて、わたしが示す地に行きなさい」と命じられました。これは恐るべき命令です。生活の安定とか法的な保護を捨て、家族だけで見知らぬ地に旅立つことは非常に危険なことです。しかし、神様はその危険な旅をするようにアブラハムに命じられました。

しかし、「命じられた」としても、神様がアブラハムの首に鎖をつけて、嫌がる彼を無理矢理に引っ張っていくわけではありません。危険な冒険の旅に身を投ずるか否か、それは彼の自由です。彼は、従うこともできるし従わないこともできるのです。エデンの園におけるアダムとエバも、その点は同じでした。神様に従うのも蛇に従うのも、彼らの自由なのです。神様は、人間にそういう自由を与えておられる。その自由の中で何を選ぶかで、その人の人生は決まっていきます。

アブラハムは、「主の言葉に従って」旅立ちました。そして、カナンの地にまでやって来た彼に向かって、神様は「あなたの子孫にこの土地を与える」とお約束になりました。子どもなど生まれようもなく、流れ者であるが故に土地など持ちようもない彼にです。彼がその約束を信じるとは、安定とか保護とは正反対の冒険の人生を生きることにならざるを得ません。そうであるが故に、アブラハムは何度も躓きました。

しかし、最後は神様の命令に従って、モリヤの山の上で独り子イサクさえも捧げようとする人間に「なった」のです。だからこそ神様は彼を祝福されたし、彼を通して世界を祝福する約束を新たにされたのです。

アブラハム　最初の冒険者

神様は、アブラハムをカナンの地に旅立たせる時も、モリヤの山に旅立たせる時も、それまでのアブラハムを根本的に変革させる、あるいは破壊する意図をもって命令されたと思います。神様はアブラハムを罪から救い、世界中の人々を罪から救うために命令しているのです。そして、神様はアブラハムにご自身の存在を懸けておられると思います。アブラハムが命令に従って旅立つか否かは、神様にとっても分からないことです。だから、非常におかしな表現であることは分かっていますが、神様は内心ハラハラしながら、祈るような気持ちで彼の決断を待ったと思います。神様は、罪に堕ちた人間を救うのだという強い愛をもっておられるからです。

人は「そのままの状態」を維持したまま、あるいは「多少の改善」をする程度では罪の支配から救われることはありません。罪の呪いから救い出され新たな祝福の中に生きるためには、それまでの自分が滅び、新しい自分にならねばならないのです。神様は、アブラハムにそのことを求め、彼が自由な決断によって見知らぬ地に向けて旅立つことを願われたに違いありません。それは彼の救いに関わることであると同時に、世界の救いに関わることだからです。

（一）

ヨセフ　苦しみの人

マタイによる福音書でクローズアップされているのは、マリアの婚約者のヨセフです。彼はダビデ王の系譜をひく者です。ここでヨセフは、想像を絶する苦しみの中にいます。法的には、既に自分の妻になっているマリアが他の男と関係したとしか思えぬ形で妊娠しているからです。当時の律法の定めとして、婚約期間中の性交渉は禁じられています。法的には夫婦になっていてもです。ヨセフは正しい人ですから、もちろんその定めを守っています。であるならば、マリアの妊娠は自分以外の男との性的関係によるものとしか考えられません。ヨセフが公に訴えるならば、彼女は有罪の判決を受けて、石打ちの刑に処せられるでしょう。

しかし、マリアは天使ガブリエルから告げられたことを、ヨセフに言うしかないのです。

「聖霊があなたに降り、いと高き方の力があなたを包む。だから、生まれる子は聖なる者、神の子と呼ばれる」。

（ルカ一・三五）

ヨセフは、その言葉を信じることはできません。当然です。しかし、マリアを石打ちの刑にしたくもない。それも、当然です。

マリア　最初の献身者

マリアだって、天使の言葉を聞いたその時は信じることができなかったのです。彼女は天使ガブリエルから神の子を受胎することを告げられました。そのことを信じるとは、それまでのマリアであることが壊れることです。完全に破壊されることです。通常の妊娠でも女性は自分の胎の中に新しい命が宿り、一つの肉体を持って生きていることが分かったその時から、肉体的にも精神的にもそれまでの自分ではあり得ないでしょう。男性は肉体的には何の変化も経験せず、「親となる自覚を持たねば」と思ったりする程度です。その点では、女性の覚悟とは比べものになりません。

マリアはこの時、通常の妊娠をしているわけではありません。神に捕らえられ、その体がもはや自分のものではなく丸ごと神のものにされてしまう危険に身を委ねる。自分の体を丸ごと神様に捧げてしまう。そういう冒険をするように促されているのです。「どうして、そのようなことがありえましょうか。わたしは男の人を知りませんのに」と必死に言ったところで、そんなことは先刻ご存知の天使が引き下がるはずもありません。親類であり不妊の女であるエリサベトが高齢なのに既に妊娠六か月になっていることを知らされた上で、彼女は、止めを刺されます。

「神にできないことは何一つない」。（ルカ一・三七）

（一）

この言葉によって彼女の殻は破られました。それまでの彼女を堅く守っていた殻は突き破られ、卵の中から雛が生まれたように、これまで決して言ったことがない言葉が彼女の口から出てきたのです。彼女が言ったというよりは、「言葉が出てきた」と言った方が良いでしょう。

「わたしは主のはしためです。お言葉どおり、この身に成りますように」。（同一・三八）

これは、主の言葉の中に、また聖霊の中に、自分の身も心も投げ出すということです。アブラハムのカナンの地への旅立ちと同質のものがありますが、全く新しい異質な冒険がここにはあると思います。

ヨセフ　正しい人

アブラハムの旅立ちの背後には、妻サラの無言の服従があったことは確かです。ヨセフはマリアから事の次第を聞かされても、無言の服従をすることはできません。それは、彼が不信仰であったからではなく、むしろ彼が「正しい人」であったからだと思います。彼は、婚約期間中の夫婦のあり方に関する律法の定めを守りました。そして、マリアから妊娠を告げられた時、彼は律法の規定に従ってマリアを訴えることが正しいことだと最初は考えたはずです。

人は嘘をつけます。マリアがどれほど自分の潔白を口にしても、彼女と天使との間のやり取りを見た証人はいません。当事者一人の証言だけでは、それが真実な証言だと見做すわけにはいきません。

そもそも、マリアの言うことを信じろと言う方が無理です。たとえ彼が信じたとしても、ナザレの村人の誰が信じるというのでしょうか。マリアは妊娠しています。じきに、お腹は誰の目から見ても大きくなっていきます。それは目に見える事実です。その事実を見た時、人々はマリアとヨセフは婚約期間中の定めを破ったと思うしかありません。もし、ヨセフが「自分は破っていない」と言えば、マリアが他の誰かと姦淫の罪を犯したことにならざるを得ません。それらのことすべてを考えて、ヨセフは決断しなければなりませんでした。マリアを信じたい。しかし、どうやって信じたらよいのか分からないのです。

また、マリアを信じるとは、神様が聖霊によってご自身の子を女の体に宿らせたと信じることでもあります。それは、ノーマルな人間にとっては不可能なことです。まして信仰深いユダヤ人には尚更不可能なことです。神は唯一であり目に見えないお方であることが、彼らの信仰の中心だからです。「聖霊による受胎」など、いかにも異教的な信仰です。異教に心を惑わされることのない「正しい人」であるヨセフが信じることができるはずもありません。むしろ、信じてはならないことです。

ヨセフの選択

結局、彼はマリアを公に訴える道は選ばず、非公式にマリアとの婚約関係を解消する道を選びます。

（一）

しかし、そうなればマリアは父親が誰か分からない子を宿し、時が来れば出産するわけです。当時のこととして、それは彼女の社会的生命を抹殺することだし、生まれた子は父親の分からない子として悲惨な人生を歩まざるを得ません。そこに、ヨセフの苦しみがあります。

人間が持っている「正しさ」には限界があるのです。その限界を自分で打ち破ることができる人間はいません。彼の心は恐れ、怒り、悲しみ、不安、困惑に満たされて、昼も夜も心休まることがなかったでしょう。しかし、神様はその苦しみを味わうことをヨセフに求められました。彼には神様ご自身の苦しみを分かってほしかったのではないかとも思います。

天使のお告げ（1）

そういう日々のある夜、主の天使がヨセフの夢の中に現れました。そこで彼が言われることは、まず「恐れるな」です。「妻マリアを迎え入れなさい」。これは「マリアを妻として迎え入れなさい」の方が正確だと思います。しかし、妊娠しているマリアを正式に妻として迎え入れることは、それまでの彼の「正しさ」が破壊されることであり、彼にできることではありません。

天使は続けます。

「マリアの胎の子は聖霊によって宿ったのである。マリアは男の子を産む。その子をイエスと名付けなさい。この子は自分の民を罪から救うからである」。（マタ一・二〇―二一）

ここで主の天使がヨセフに語った四つのうちの三つは、彼がマリアから聞いていたことのはずです。つまり、「マリアの胎の子は聖霊によって宿った。その子は男の子である。そして、その子の名はイエスと名づけられねばならない」。これは、マリアが天使から告げられたことの中に入っています。この天使の言葉を通して、少なくともヨセフはマリアが嘘を言ってはいないことを確信できたでしょう。天使が、マリアの証言が真実であることを証しする証人となってくれたのです。

天使のお告げ（2）

しかし、マリアが嘘をついていないことを確信できることと、マリアの子が聖霊によって宿った神の子であると確信できることとは別の問題です。マリアはマリアとして、天使の言葉を信じることは自力でできることではありませんでした。まして、ヨセフはそうだと思います。

天使は、ヨセフに対して最後にこう言います。

「この子は自分の民を罪から救うからである」。（マタ一・二一）

この言葉を聞いた時、ヨセフの心の中に何が起こったのかを考えさせられました。この言葉がヨセフにとって止めになったことは明らかですから。

（一）

聖霊は、地上に働く神の現実と言ってよいだろうと思います。聖霊によって、マリアが子を宿すとは神が人となるということです。この先にある言葉で言えば、神がインマヌエル、我らと共にいます神になるということです。先ほども言いましたように、それは旧約聖書に基づく信仰に立つ限り決して信じられないことですし、信じてはならないことだと言うべきでしょう。イザヤも、乙女が聖霊によって身ごもることを預言したわけではないでしょう。しかし、「神様はそういうことをするのだ」と、聖霊が語る。神ご自身が語るのです。神がご自身のこれまでのあり方の根本的な変革、むしろ破壊と言ってもよいようなことをされる。ご自身の許におられた御子を、人としてこの世に到来させる。天の高みから低き所に降す。それは、神がそれまでの神ではなくなると言ってよい凄まじいことです。

神の憐れみと苦しみ

何のために神様はそんなことをするのか?! それは「自分の民を罪から救う」ためだと天使は言います。「自分の民」とは誰か。それはイエス・キリストの系図に記されている民でしょう。アブラハムの子孫であるユダヤ人です。でも、それだけではない。そこには異邦人たちがいます。「ユダヤ人と異邦人」と言えば、「日本人と外国人」と言うのと同じで「世界中の人間」のことです。この系図は男の名が記されている系図です。でもタマルやラハブなどの異邦人はすべて女です。ここには有名な族長もいます。でも、どこの誰かも分からない無名な人間がたくさんいます。王たちもいますが、遊女や貧者もいます。多種多様な人間がいる。だけれど、ただひとつ共通点がある。それは、彼らは皆、神に罪を犯したことがある罪人であるということです。道に迷い、落とし穴に落ち、うずくまり、自分では正しい道に帰ることできず、穴から這い上がることもできなかった罪人なのです。しかし、皆、神様の憐れみをうけた人々でもある。

「神様の憐れみ」と言えば聞こえは良いかもしれません。神様は憐れみ深い方だから罪人を憐れんでくださる。それはごく自然のことのように思われるかもしれません。しかし、それはとんでもない誤解です。

聖にして義なる神様が、自分で自分を汚し神様を汚す罪人たちを愛する時、そこにどれ程の嘆きがあり、悲しみがあり、また怒りがあるのか。それは私たちの想像を超えることです。

蛇の言葉を聞き、自由な判断によって善悪の知識の木の実を食べ、今や葉っぱの陰に隠れているアダムとエバに対して、「あなたはどこにいるのか」「あなたはなんということをしたのか」と問いかけた時、神様の心は悲しみと怒りによってずたずたに引き裂かれていたと思います。

「あなたは私の愛と信頼を裏切ったのか。見捨てたのか。どうしてそういうことをする？　そのことがあなた自身を滅ぼすことになるのが分からないのか？　『食べたら必ず死ぬ』と言ったではないか?!　それなのに何故あなたは食べるなと言っておいた木の実を食べたのか。『神のようになれる』と言う蛇の言葉はそれほど魅力的だったのか？　神のようになるとき、人はその命を失うのだ。しかし、どうしてあなたが死んでよいだろうか。どうすれば、あなたは私の愛に立ち返ってくれるのだろうか？　私は今でもあなたを愛している。だから、私は苦しむ」。

（一）

そういう愛の苦しみが、神様にはあると思います。そして、その苦しみはアブラハムからダビデまでの十四代、ダビデからバビロン捕囚までの十四代、バビロン捕囚からイエス・キリストの誕生までの十四代、ずっと続く苦しみです。神様が罪人をずっと愛し続けてくださるが故の苦しみです。その愛の苦しみの果てに、神様はご自身の子をマリアという人間から誕生させる。「自分の民を罪から救うため」に。ここから、愛も苦しみも極みに向かっていくのです。

ヨセフ　圧倒された人

夢の中で天使のお告げを受けた時、ヨセフは神様の心からほとばしり出てくる憐れみ、その愛に圧倒されたでしょう。打ち砕かれたと思います。苦しんでいるのは自分ではなく、むしろ神様であること。マリアを愛しているのは自分ではなく、神様であること。そして、自分が考える「正しさ」の中で、マリアもその胎の子も見捨てるほかにない道を選ぼうとしているこの自分を愛してくださっているのは、神様ではないか。神様は今、これまでのご自身のあり方を自ら破壊して、天から地上に突入して来られる。そして、死んで陰府に下るしかない罪人を救おうとしてくださる。その愛の凄まじさに、彼は圧倒されたと思います。

「ヨセフは眠りから覚めると、主の天使が命じたとおり、妻を迎え入れ、男の子が生まれるまでマリアと関係することはなかった。そして、その子をイエスと名付けた」。

（マタ一・二四―二五）

彼は、それまでの彼ではなくなりました。破壊されたのです。

イエスとは「主はわが救い」という意味です。救いは罪の赦しによってもたらされるものです。私たちは、自分に罪を犯し続ける者と共に生きることはできません。できるとすれば、それは傷つけられてもなお愛し続けることにおいてのみです。その愛は赦しにおいて現れるものです。愛の極みは赦しだからです。その赦しの源は神様なのです。この方の愛を知る時、この方の赦しを知る時、ひれ伏し感謝して受け入れる時、私たちは砕かれ、そして新しく立たせられます。愛と赦しに生きる一歩を歩み出すことができます。しかし、それは危険なことです。それは冒険です。でも、それが生きるということです。神様と共に生きるとはそういうことなのです。神様が共に生きてくださらなければ、インマヌエルがいてくださらなければ、私たちはその危険な人生を生きることはできません。愛と赦しに生きるとは、傷つきながら生きることですから、神様に愛され赦され続けなければならないのです。

洗礼

今日は洗礼式を執り行いました。洗礼を受けられたUさんはまだ二十歳です。私も二十歳の時に洗礼を受けましたので、ある種の感慨をもちます。洗礼を受けるとは、新しいぶどう酒を受け入れるこ

（一）

とであり、それまでの革袋が破れてしまうことです。新しい革袋になることです。これまでの自分が死に、新しい自分になることです。主イエスを信じ、受け入れるとはそういうことです。それ以後の人生の旅路は主の命令に従うものになります。それがどのようなものであれ、主の言葉に従って旅立ち、その旅を続けるのです。いくたび道に迷い、背き、落とし穴に落ちることがあっても、主は選び給うた者を見捨てることなく、悔い改めに導き、穴から引き上げ、また正しい道に導き返してくださいます。Uさんも、私たちと共にそのことを堅く信じて信仰の道を歩んで行っていただきたいと願います。

Uさんが、信仰を求めるきっかけになった言葉があります。それは、親への反抗期真っ盛りの高校時代に、たまたま目にした聖書の言葉です。新年礼拝で読むことになる詩編二七編一〇節の言葉です。

父母はわたしを見捨てようとも
主は必ず、わたしを引き寄せてくださいます。

この世の中で最も自分を強く愛してくれる父母の愛とも比較にならぬ強い愛で、主は私を愛してくださる。その主の御顔を尋ね求めて生きる。それが信仰です。

アドヴェント、つまりインマヌエルとしてのキリストの到来としてのクリスマス。それは、この世に到来した救いの神は決して私たちを離れず、見捨てず、引き寄せてくださることを信じる信仰を新たにし、自分を捧げて礼拝することです。

今日の礼拝の中で、自分に到来したイエス・キリストを受け入れ、献身する姉妹が誕生したことを感謝し、主の御名を賛美したいと思います。既に洗礼を受けている私たちも信仰を新たにして、主に従う旅を新たに始めたいと思います。イエス様は、その旅をどこまでも共にしてくださいます。私たちを罪から救い出し、御国における復活にまで導いてくださいます。罪の故に呪いに落ちたこの世における旅路がどれほど苦難に満ちたものであっても、「自分の民を罪から救う」お方は既に生まれているのです。そして、今日も共に生きてくださっているのです。

主イエス・キリストは、あの十字架の死を経て陰府に降り、そこを復活の場となさいました。罪と死に対して完全に勝利されたのです。そして、天に上げられ神の右の座に就かれました。今は、聖霊の宮である教会、キリストの体である教会を通して地上に生きる私たちを養い、守り、導いてくださっているのです。だから私たちには希望があるのです。喜びがあるのです。

パウロはこう言っています。

「だれが神に選ばれた者たちを訴えるでしょう。人を義としてくださるのは神なのです。だれがわたしたちを罪に定めることができましょう。死んだ方、否、むしろ、復活させられた方であるキリスト・イエスが、神の右に座っていて、わたしたちのために執り成してくださるのです。だれが、キリストの愛からわたしたちを引き離すことができましょう。(中略)他のどんな被造物も、わたしたちの主キリスト・イエスによって示された神の愛から、わたしたちを引き離すことはできないのです」。(ロマ八・三三―三九)

（一）

「アーメン」としか言いようがありません。だから、私たちは主キリスト・イエスをこの世に降誕させた神の愛に全身を投げ出すだけです。そのことで神を崇め、賛美するのです。それが私たちのクリスマスです。

聖なる神様

どうか古き自分にしがみつくことがありませんように。あなたが危険を冒して新しい方になったのですから、私たちもマリアやヨセフに倣って新しい自分になることができますように。主の名によって祈ります。アーメン。

（二〇一二年十二月十六日）

最初のキリスト礼拝

マタイによる福音書二章一―一二節

ヨセフとマリアのキリスト礼拝

クリスマスとは「キリスト礼拝」のことです。キリストを礼拝する、真実な礼拝を捧げる。それは、本来命がけのことです。巷でやっているクリスマス会とは似ても似つかないものです。私たちは今日も真実なクリスマス礼拝を捧げたいと願います。

イエス様を受け入れる時に、マリアもヨセフもそれまでの自分が完全に破壊されました。彼らは天使の言葉を通して、罪に落ちた人間をなんとしてでも救おうとする神様の愛、ご自身の子を人間として生まれさせてまで救おうとする神様の愛に打ち砕かれたのです。真実な愛は、それまでのあり方を破壊します。それまでのあり方を維持しつつ真実な愛の交わりに生きることはできません。

神様ご自身が天を裂くようにして地に降り、地上に生きる私たちと共に生きる神(インマヌエル)となってくださった。そのインマヌエルの誕生の中に神様のとてつもない愛が現れていることを知り、感謝をもって受け入れ、この方を愛し、この方のために生きる。それだけを願い、自分自身を捧げる。委ねる。それがキリスト礼拝、クリスマスです。マリアとヨセフは、イエス様が生まれる前に全身全霊を主に捧げて礼拝をした夫婦だと言って良いと思います。いや、そのことによって夫婦となっていったのだと思います。

（一）

東方の学者のキリスト礼拝

私は、今日の説教題を「最初のキリスト礼拝」としました。正確には「異邦人による最初のキリスト礼拝」と言うべきかもしれません。今日の箇所は、教会の暦によればクリスマスシーズンを締め括る一月六日に読まれるべき言葉です。その日は「公に現れる日」と書いて「公現日《こうげんび》」と呼ばれます。東の国からやって来た学者たちがイエス様に礼拝を捧げたことによって、「ユダヤ人の王」であるイエス様が世界中の民に礼拝されるべきキリストであることが公にされたからです。つまり、イエス様が国境や民族の壁を越えた神の国の王であることが公に現された。教会は、その日を一月六日として記念してきました。

イエス・キリストを王とする神の国は、時代の移り変わりによって栄枯盛衰を繰り返すこの世の国とは本質的に違います。イエス・キリストが支配する国は、世の終わりまで天地において建設が続く神の国です。今も続いているのです。

マタイは、十字架の死から復活されたイエス様が弟子たちに向かって語りかける言葉でこの福音書を締めくくっています。イエス様は弟子たちにこうおっしゃいました。

「わたしは天と地の一切の権能を授かっている。だから、あなたがたは行って、すべての民をわたしの弟子にしなさい。彼らに父と子と聖霊の名によって洗礼を授け、あなたがたに命じておいたことをすべて守るように教えなさい。わたしは世の終わりまで、いつもあなたがたと共にいる」。

（マタ二八・一八－二〇）

イエス・キリストは天地を貫く神の国の王です。そして、世の終わりまでその王座は揺らぐことがありません。私たちキリスト者とはそういう王を戴いている神の国の国民です。その国民がすべきこと、それはイエス・キリストを宣べ伝え、信じる者に洗礼を授けることです。そのようにして神の国は世界に広まっていくのです。

ユダヤ人の王

今日の箇所では、二人の王が同時に存在していることになります。一人はヘロデ、もう一人が幼子イエスです。もちろん、イエス様はまだ王位に就いている訳ではありません。しかし、東から来た学者たちにとって、イエス様は「ユダヤ人の王としてお生まれになった方」なのです。彼らにとってその方はヘロデのような一国の王ではありません。単に敬意を払うべき王でもない。どんなに大きな犠牲を払ってでもお会いして「拝む」べき方、礼拝すべき方なのです。それはどういうことなのでしょうか。

（一）

東の方

「東の方」という言葉も様々な含蓄を持つ言葉です。かつて新バビロニアとかペルシャと呼ばれた大帝国があった地、ユダヤ人にしてみれば異邦人の地と理解しておきたいと思います。紀元前六世紀、ユダ王国は新バビロニア帝国に滅ぼされ、多くの国民がバビロンに捕囚されました。そのことはマタイによる福音書冒頭の系図にも記されており、イスラエルの歴史における大きな転換点です。そのバビロン捕囚時代以降に、現在の旧約聖書に入っている多くの文書が書かれたり編纂されたりしたのです。

メシア預言

先週読んだ一章二三節に、「見よ、おとめが身ごもって男の子を産む。その名はインマヌエルと呼ばれる」という、イザヤ書のメシア預言が引用されていました。イエス様の誕生は、イザヤの預言の実現なのだとマタイは言うのです。このイザヤの預言もバビロン捕囚以来、東の方に住む人々に伝わっていたと考えられます。

私は先週、何人かの方をお訪ねし、様々な聖書の言葉を読みつつイエス様の誕生に関して語りました。とても楽しく、恵まれた時でした。ある方と読んだ言葉はイザヤ書一一章です。そこでは、いつの日か主の霊によって支配する王（メシア）が誕生すると預言されています。その王は、ダビデ王朝を表す「エッサイの株」から出る「若枝」として描かれます。その王の支配が世界に行き渡る時、世界はこうなるとイザヤは語ります。

狼は小羊と共に宿り
豹は子山羊と共に伏す。
（中略）
乳飲み子は毒蛇の穴に戯れ
幼子は蝮の巣に手を入れる。
わたしの聖なる山においては
何ものも害を加えず、滅ぼすこともない。
水が海を覆っているように
大地は主を知る知識で満たされる。
その日が来れば
エッサイの根は
　すべての民の旗印として立てられ
国々はそれを求めて集う。

（一）

そのとどまるところは栄光に輝く。　　（イザ一一・六―一〇）

ここには、人間と自然界の和解というイメージがあります。しかし、それだけではないでしょう。狼とか小羊とは、地上の国や人間の象徴だと思います。圧倒的な強者と弱者、敵対する者同士、平和的共存など決してできない者同士、近づきすぎれば互いに害を与え、ついにどちらかが相手を滅ぼしてしまう。そういう関係の中を生きている地球上の国々とか人々のことを、イザヤは狼と豹とか小羊とか毒蛇と言っているように思います。

今、私たちの国は周辺の国々と平和的に共存することが難しい時代を生きています。力のバランスは時代と共にどんどん変化しますから、接し方を間違うと大変なことになりかねません。地球上の多くの国々が同様の問題を抱えています。

時代は常に変化します。私たちの国でも、前回の選挙で圧勝した党が今回は少数野党に転落しました。かつては野党の代表的存在だった党は今や壊滅状態です。これから政権につく党は、富国強兵・殖産興業を旗印にアジアの覇権を求めて邁進したかつての「日本を取り戻そう」とするのかもしれません。そして、富国強兵化を推進するためであるならば、国民の思想を統制することは当然のことと考えているのかもしれません。そして、この国の多くの人々は、基本的人権や思想信条の自由よりも景気の方が大事だと考えているようです。しかし、「最大の景気対策は戦争だ」と言われることもあるのです。戦争で利益を得る人々もそれなりにいるので、戦争がなくならないのでしょう。

そういう現実に傷つき、疲れ、希望を失ってしまうことがあります。しかし、そういう人間にとって、いつの日か誕生するメシアによって永遠の平和が打ち立てられるのだというメシア預言は心の支えです。それは昔も今も変わることのない現実です。

東の国の占星術の学者たちは、当時としてはトップクラスの学識を持った人々であり身分も高い人々だと考えられています。その彼らが危険を顧みず、また自分たちにとってなんら経済的利益をもたらすわけでもないのに、「ユダヤ人の王」に会うために危険な旅をする。それは、この方こそ「主の霊がその上に留まる」「エッサイの根」から出る「若枝」であることを神様から啓示されたからだと、私は思います。

ヘロデ

しかし、そのようにしてやって来たユダヤ人の中心地であるエルサレムにはヘロデ王がいました。彼はローマ帝国の皇帝に巧みに取り入り、その皇帝の庇護の下に「ユダヤ人の王」として君臨していた王です。政治家としては抜群の能力があり、経済的繁栄をもたらした王なのです。しかし、権力欲と猜疑心が異常に強い人物でもあり、少しでも自分の身分を脅かしそうな者に対しては徹底的な弾圧を加え、また抹殺しました。彼の妻やその母、また二人の息子を彼は殺したのです。そのヘロデにとって、「ユダヤ人の王」が生まれたという知らせを、はるばる外国からやって来た学者によって知らされることは不吉なことです。到底、受け入れることができるものではありません。

「これを聞いて、ヘロデ王は不安を抱いた」とあります。「不安を抱く」と訳されたタラスソーは

「激しく困惑した」とか「心をかき乱された」とか訳すべきだと思います。目の前に亡霊が現れた時などにも使われる言葉だからです。

ヘロデは引きつった顔をして、しかし、それを必死に隠しながら大慌てでエルサレムにいる宗教家を全員集め、「メシアがどこに生まれることになっているのか」を調べさせました。一刻も早くその赤ん坊を見つけ出して殺すためです。彼は居ても立ってもいられない不安と恐怖に苛まれているのです。莫大な富と権力を持つと、皮肉なことに、人間の心は安心するのではなく、むしろ不安と恐怖に苛まれるようになるものです。

エルサレムの人々

しかし、続けて「エルサレムの人々も皆、同様であった」とあります。これは一体どういうことなのか？　人々はヘロデを恐れ、うっかりヘロデの悪口など言わないように気をつけていたはずです。秘密警察を持つヘロデは、自分に対して少しでも反抗しそうな者をいつも捜し、密告情報を得たら逮捕し、処刑したからです。しかし、そのような恐怖政治の下にいる人々が、ヘロデと同様に不安と恐怖に苛まれたのはどうしてなのか？

最近ミサイルの打ち上げを強行した独裁国家の首都の様子がテレビで放映されました。非常に寒そうでしたが、大人も子どもも暖かそうなコートを着ていました。しかし、首都に住む人々は党の幹部とその家族という特権階級だと言われます。独裁政権内部の人たちだけがそこに住み、栄養のあるものを食べ、暖かいコートを着てテレビカメラの前に立ち、独裁者の功績を称える。そういうことなのでしょう。

他の日に、デンマークの人権団体が撮影したと言われる地方の孤児院の様子が放映されました。そこには、目だけがぎょろぎょろと光るやせ細った子どもたちがたくさんいます。全く栄養が足りないのです。親は思想的な問題で強制収容所に入れられているのかもしれません。首都に住む人々と地方に住む人々との間には厳しい格差があるのです。

だとすると、首都に住む人々にとっては自分たちの特権を今後も維持できるか否かが最大の関心事となります。もし支配者が別の支配者に取って代わられるようなことがあれば、自分たちは一斉に追放される。下手をすれば弾圧される。抹殺されるかもしれない。そういう不安と恐怖が彼らを包むことは火を見るよりも明らかです。

原文の直訳は「エルサレムの人々は皆ヘロデと共にいた」です。それは、地位や身分、この世の富などを最優先のものとして生きる点において、権力者も国民も一緒であることを示しているように思います。ヘロデと人々では目に見える立場はまったく違います。しかし、その心の中の思いは同じです。人は皆、内実においては同じ所に一緒に立っているものです。私たちも例外ではないでしょう。

私たちは誰でも心の中にヘロデを抱え持っています。自分の立場や身分を脅かしそうな人とか、様々な意味で我慢できない人を見て、「あの人さえいなければ」と思うことは誰にだってあることです。自分さえよければ他人はどうなってもいいと思う。その思いが「ユダヤ人の王」を憎み、排除し、ついには抹殺することになっていくのです。その様にして、私たちは私たち自身を憎み、自分が救われる可能性を排除し、自分自身を抹殺しているものです。

私たちは、今手に持っているものを手放さなければ、新しいものを手にすることはできません。しかし、私たちは一体何を手に持ちたいと願っているのでしょうか。

先週、私は「クリスマスは危険な祭りだ」と言いました。今既に手にしている価値あるものをこれからも大切に持ち続けるのか、それらを捨ててメシアとの出会いを求めて冒険の旅を始めるのか。そういう激しく鋭い問いかけが、クリスマスにはあるからです。

（一）

ユダヤ人の祭司と学者たち

東方の学者たちは、神のメシアが生まれたならすべてを投げうって礼拝を捧げに行くことを心に決めていました。そして、ついにその誕生を知らせる星が見えた時、危険な冒険の旅に出たのです。

彼らは「ユダヤ人の王」がユダヤの地で生まれることは分かっていても、その中のどの町であるかは知りませんでした。それを知っているのは、聖書に精通しているユダヤ人の祭司や学者たちです。

彼らは、「それはベツレヘムである」とヘロデに告げることができました。しかし、彼らは動きません。彼らもヘロデと「共にいる」人々だったのです。ヘロデのお抱え祭司、お抱え学者としての地位に甘んじており、その地位が大事であり、手放したくなかったのです。

ヘロデは、東方の学者たちに「わたしも行って拝もう」と言いつつ「わたしは後から行って、殺そう」と決意しています。その決意は、後に具体的行動となって表れます。彼の心はどす黒い不安と恐怖に支配されているのです。

喜びに溢れる

しかし、学者たちの心は、星を見て「喜びにあふれた」のです。直訳風に訳すと「この上ない大きな喜びを喜んだ」です。言葉では表現できない喜び、これまで経験したことのない喜びに満たされた、あるいは襲われた。喜びが内から溢れ出てきた。そういうことだと思います。それはどういうことなのでしょうか。

洗礼

先週の礼拝では洗礼式がありました。Uさんがイエス様に対する信仰を告白して洗礼を受け、キリスト者になったのです。それは教会にとって大きな出来事ですし、もちろん洗礼を受けたUさんにとってはとてつもなく大きな出来事です。私も同じように二十歳の時に洗礼を受けましたので、色々と考えさせられました。

私たちの国は西暦と元号を併用している国ですけれど、西暦とはつまりキリスト暦のことです。人類の長い歴史はイエス・キリストの誕生によってその前と後に分けられ、今年はキリスト降誕後二〇一二年です。キリスト教会は、そのように歴史を理解しているのです。

（一）

もちろん、目に見える形ではイエス様が生まれる前からローマ帝国はあったし、地上の国々は栄枯盛衰を繰り返しています。自然の営みも基本的に変わることがありません。太陽は東から昇り西に沈みます。目に見える現実は、キリスト誕生以前と以後で変わりがあるわけではありません。しかし、たった一つ変わったことがあります。それはキリストを礼拝するキリスト者（クリスチャン）と呼ばれる人間が誕生し、キリスト教会が誕生したことです。

今日は午後の祝会で「信仰五十年」の祝いを受ける方が八人もいます。今年の場合は、全員が毎週この礼拝堂で礼拝を捧げている方たちです。凄いことだと思います。皆、若い時に洗礼を受け、今日までその信仰が守られてきたのです。「信仰五十年」とは洗礼を受けてから五十年ということです。教会はそういう区切り方、あるいは数え方をするのです。洗礼を受ける前と受けた後では人生が変わるからです。

私も人生の中でいくつかの区切りがあります。もちろん、地上に生まれた誕生日が出発の日です。それから学校を卒業したとか、結婚したとか、牧師になったとか、子どもが生まれたとか、いくつかの区切りの日があります。しかし、何と言っても洗礼を受けた日が最も大きな記念日です。もちろん、その日を境に私の何もかもが変わった訳ではありません。身分が変わったわけではありません。洗礼を受けた時は学生だったし、以後も数年間はそうでした。心の内に生きるヘロデが死んだわけではないし、悪魔の誘惑が無くなった訳でもなく、それに負けてしまう自分も変わらずにあります。

でも、私はその時から、私の罪が何であるかを知り始めたし、また私の罪を赦すために神様が何をしてくださったのかを少しずつ知り始め、神様の愛がどれほど深く強いものであるかを知り始めました。そして、神様の愛の言葉を聴ける喜びを知り始め、神様を賛美する喜びを知り始めました。神様がこんな小さな自分、こんな惨めな自分、こんな弱い自分、こんな醜い自分に向かって全身全霊を傾けて語りかけてくださる。その愛に驚き、圧倒され、その愛に砕かれ、その愛に感謝し、その愛を賛美する喜びを知らされ始めたのです。

洗礼を受けるまでは、人生は空しかったし、生きることが無意味でしたし、ある意味辛いことでした。しかし、そういう自分のためにイエス様が生まれてくださり、死んでくださり、復活してくださり、共に生きてくださり、語りかけてくださる。その時から、生きることは無意味ではないし、苦しくても喜びがあります。

私にとっては、説教をすることは喜びであり賛美です。聖書を読んですぐに喜びが出てくるわけでも賛美が出てくるわけでもありません。でも、耳を澄まし目を凝らして読み続けていけば、最後にはイエス様の言葉が聴こえ、その姿が見えてきて、必ず喜びと賛美が溢れてくるのです。その喜びと賛美は、信仰を与えられる以前には手にしたことはないものです。自分自身を手放して、神様の御手に委ねて以後与えられたものです。そして、その喜びは今も大きくなっている喜びです。今日もその喜びで満たされているし、来週の礼拝においてもきっとそれは変わらないでしょう。今日、信仰五十年の祝いを受ける皆さんも、それは同じだと思います。それが私たち洗礼を受けたキリスト者の確信だし、希望です。そして、与えられた恵みなのです。

（一）

ユダヤ人の王

　東の国からやって来た学者たちは、ついに真の王、メシア、主と出会うことが出来た。その喜びで満たされた、いや喜びが内から溢れ出てきたのだと思います。永遠の王である「ユダヤ人の王」を礼拝し、仕えることができる喜びが内から溢れ出てきた。その喜びの中で、彼らは母マリアと共にいる幼子に自分たちの大切な宝物を献げたのです。

「ユダヤ人の王」。この言葉は、イエス様が十字架に磔にされる時に再び出てきます。ローマの総督ピラトは、「お前がユダヤ人の王なのか」と問いました。群衆は、十字架に磔にされたイエス様の前にひれ伏して「ユダヤ人の王、万歳」と言って嘲笑しました。そして、イエス様の頭には茨の冠が被せられ、その頭上にはイエス様を辱めるために「ユダヤ人の王イエス」という罪状書きが打ちつけられたのです。

　このように、すべての人々から見捨てられ、神様に向かって「わが神、わが神、なぜわたしをお見捨てになったのですか」と叫びつつ死なれる方が「ユダヤ人の王」、神様が立てたメシアなのです。それは、地上の国を支配する権力者としての王ではなく、人間を支配する罪と死の力に勝利される王、救い主としてのメシアです。この方の王座は十字架です。この王は、ご自分の命をあの十字架の上に捧げて死ぬことを通して復活し、私たちの罪を赦し、新しい命を与え、神の国に招き入れてくださり、世の終わりまで共に生きてくださる王なのです。

この方と出会い、信じることができる喜びに勝るものはこの世にはありません。東の国の学者たちは、その溢れる喜びの中で自分たちの生活を支えていた宝物のすべてを献げたのです。つまり、自分を献げた。そのようにしてキリストを礼拝したのです。彼らにとって、この日が人生を分ける日です。彼らはそのキリスト礼拝を捧げた後、自分の国に帰っていきました。それは元の生活に戻ったことを意味しません。彼らを通して、遠い東の国の人々にもメシア誕生のよき知らせ、福音が宣べ伝えられていったからです。イエス様は、その彼らと共に旅をしてくださいます。

キリスト礼拝

霊と真理をもってキリストを礼拝する者は、必ずキリストを証しする者にされていきます。それまでは自分のために生きていた者が、キリストのために生きる者とされるのです。見た目には何ら変わることがなくても、その根本において造り替えられるからです。キリストを礼拝する者にとっては、「生きることはキリスト、死ぬことは益」であり、その人生は「主のために生き、主のために死ぬ」ものにされます。こんな幸いなこと、こんな喜びはありません。

たしかに、この世は今も変わることなく弱肉強食の歩みを続けています。誰もが力を求め、多くの国が強い国になろうとしています。そして、軍備を増強します。隣国が増強すれば、自分たちも増強する。そして、何かの拍子に戦争が始まる。そういうことは、残念ながらこれからも起こるでしょう。でも、この歴史の中に、既にメシア、主、キリストはお生まれになったのです。その支配は始まっ

（一）

ているのです。イエス様は世の終わりまで神の国の建設を継続されます。そのことのために、こんな小さな私たちも用いられるのです。今日、ここで捧げている礼拝もイエス様を王とする神の国がこの地上に到来していることを証しするものです。

今日は特にご一緒に聖餐の食卓を囲みます。私たちキリスト者がその食卓を囲んで祝う時、それは御子イエス・キリストの十字架の死に感謝し、復活を称え、世の終わりに実現する御国完成の喜びを先取りして賛美していることなのです。それがどれほど小さな業であったとしても、その業を通して「主を知る知識」は大地を覆って行くのです。そして、エッサイの根であるキリストの十字架が、「すべての民の旗印として立てられ、国々はそれを求めて集う」日が来るのです。その時、狼は小羊と共に宿り、乳飲み子は毒蛇と戯れる。

私たちは、そのことを信じて、これからも希望をもってキリストを礼拝していきたいと思います。主は生まれ、罪の贖いを成し遂げられ、今も生きておられ、そして、世の終わりに御国を完成するために再び降臨される。そのことを信じて賛美する。それが私たちのキリスト礼拝、クリスマスです。

聖なる父なる御神

この礼拝の中における御心を知らされた恵みを感謝いたします。御子が私たちのために体を裂き、血を流してくださいました。神様、あなたはその様にしてまで私たちを愛し、一つにしてくれようとします。感謝します。いつの日か御神の御心が実現することを信じ、御子イエス・キリストの名によって祈ります。アーメン。

（二〇一二年十二月二十三日）

激しく嘆き悲しむ声

マタイによる福音書二章一三―二三節

教会の使命

今日の箇所は、ヘロデによる幼児虐殺に関する記事です。読むだけでも胸が苦しくなります。人間の社会や人間の心の奥底に溜まっていたヘドロがかき回されて、水中だけでなく水面にまで上がってくるような感じがします。

私たちには見たくない、触れたくない、考えたくない、語りたくない、聞きたくないものがあります。今日の箇所にはそれらのものがあります。できれば知らないふりをして通り過ぎたい所です。しかし、私たちは聖書全体を神の言葉として聴き、その言葉に従う神の民です。私たちは社会の中であれ自分自身の心の中であれ、そこにある事実に対して目や耳を塞ぐことなく見つめていかねばならないし、聞いていかねばならないし、語っていかねばならないのだと思います。そうでなければ、教会に与えられている預言者としての使命、祭司としての使命を果たすことはできないと思います。

（一）

クリスマスの両極性

クリスマスは命の誕生の出来事です。それは喜び賛美すべき出来事です。しかし、その出来事は幼子たちの死を引き起こしました。それは激しく嘆き悲しむべき出来事です。その二つの出来事がそれぞれ何を意味しているのか、そして二つの出来事が一つの出来事の両面であるとしたらそれは一体どういうことなのか。

また、クリスマスは「光の祝祭」とも呼ばれます。光は闇の中で輝きます。ある意味では、闇があるからこその光であり、死があるからこその命なのです。クリスマスは、そのことが何を意味するのかを深く見つめて行くべき礼拝なのだと思います。

ヘロデの心

先週のクリスマス礼拝において、ヘロデの心の闇について少し語りました。彼は、自分の地位を脅かす者は身内であっても容赦なく殺した王です。しかし、そういう彼であるからこそ、人々の心をつかむ為の様々な政策を実行していたのです。特にエルサレムに住む人々には、経済的繁栄の甘い汁をなめさせていました。支配者であり続けるためには、民衆にパンと娯楽を与えることが必須です。パンと娯楽を与えられている限り、民衆も圧政を甘受するものです。そういう民衆の心の中に、実はへロデと同じ心が宿っている。私たちはその事実を見たいとは思いませんが、事実ですから見つめなければならないし、見た限りは語らなければならないと思います。私たちの心の中にもヘロデはいます。

二十四日には、大人と子どもが一緒になって降誕劇を演じるキャンドルライト・サービスを捧げました。参加する子どもや親たちが少しずつ増えてきて嬉しいことです。その劇の中に、東の国からやって来た学者たちに向かってヘロデが踊りながら歌う場面があります。その歌詞はこういうものです。


「我こそは王、ユダヤの王。わたしの言うことはそのまま記録され、そしてそのまま行われる。

我こそは王、わたしだけが王、ほかにはいない」。


「わたしの言うことはそのまま記録され、そしてそのまま行われる」は、高校時代に観た『十戒』という映画の中に出てきた台詞からとりました。その映画では、エジプトの王ファラオが大事な命令を下す時に片手を上げて「so it shall be written, so it shall be done」(そのように記録し、そのように行え)と言うのです。自分の言葉は神の言葉であり、誰もがそれに服従しなければならないと言っているのです。つまり、「自分は神だ」という宣言です。

私は、その場面を見ながら惚れ惚れとしました。「こんなことが言えれば、なんて気分が良いだろうか」と思ったのです。これこそ、人間が抱え持っている根源的欲望を表現していると思いました。私たちは誰でも心の奥底ではこういう思いを持っているものです。多くの人は、思いを持ってはいても力がないから実行できません。でも、自分の子どもとか、弱い友人とか、ペットの犬とか、とにかく自分よりも弱いものを支配することでゆがんだ欲望を満たしていることはよくあることです。「いじめ」とか「虐待」とは、そういう欲望の現れだと思います。そして、その欲望の対象とされた弱いものは殺されたり、自ら命を絶つという悲惨なことになる場合があります。

今年の劇では、ヘロデが歌い踊っている背景にサイケデリックな画面で歌詞を出しました。「わたしだけが王、ほかにはいない」とヘロデが言う最後の場面では、ヘロデによる幼児虐殺が描かれた絵を映し出しました。自分だけが王であり他の王の存在を認めないという思いは、幼児殺しに行き着くことを表現したかったからです。

幼児虐殺

劇が終わってから、私は説教をしました。その時、ライオンの画像を見てもらいました。崖から落ちていく子どもを救い出す親ライオンの連続写真です。私は、罪によって神の許から離れて死の闇の中に転げ落ちて行く人間の様と、たった独りの子を世に降すことまでして救い出そうとしてくださる神様の愛について語りました。

その画像を見たある方が、「動物でさえわが子を救うために命を懸けるのに、人間の親は自分の子どもを虐待したり殺したりするのだから、なんとも言えない気分になりました」という感想を寄せてくださいました。

親が、子を虐待したり殺してしまうという恐るべきことが今の社会には頻繁に起こっています。そのようなことをしてしまう親が持っている「一つの思い」は、自分の思い通りにならない存在に我慢ができないということだと思います。そして、追い詰められている自分を誰も助けてくれない時、人は孤独の闇の中に落ちて行き、幼子を殺すことを通して自分自身を殺してしまう。そういうことがあると思います。そういう現実を知らされる時、私たちはその親を責めますが、その親を助けなかった自分を責めることはしません。

犠牲となる幼子

そして、そういう人間社会の中で犠牲になるのはいつの時代も弱い者たちです。「赤子の手をひねる」という言葉があるように、幼児は全く無力な存在です。何の抵抗もできないまま、本来は自分を愛し守ってくれるはずの大人たちに殺されてしまうのです。現代も至る所で幼児虐殺は行われています。

シリアでは今も恐るべき内戦が続いています。二か月ほど前のニュースで、隣国のレバノンに逃げたシリア人一家のことが報じられていました。その家の主人が反政府デモに参加したのです。後日、政府軍の兵士が主人を捕らえに来たのですが、たまたま主人がいなかった。そこで兵士は、その家の小学校低学年の男の子を連れ去りました。その翌日、全身血だらけで目が抉り取られた男の子の死体が家の前に捨てられていたのです。「次はお前だ」という予告です。両親は、取るものもとりあえずまだ生きている子どもたちと共に隣国に逃げざるを得ません。マリアやヨセフのエジプト逃亡も、そういう生々しく恐ろしい現実の中で起こったことでしょう。

（一）

エルサレムにはナチス迫害記念館があります。私は、二年前にイスラエルを旅して紀行文を何回か書きました。でも、記念館の前で頓挫しています。忙しくて書けないこともありますが、その記念館に行った時のことを書けないからです。

その記念館の中に、強制収容所で殺された子どもたちの名前をエンドレスで呼び続けている薄暗い建物があります。子どもの名前が一人ずつ呼ばれ、殺された時の年齢と場所が告げられるのです。壁には殺された子どもたちの写真が貼ってあります。その建物の中にいる限り、子どもの名前が呼ばれる声を延々と聞き続けることになります。容赦なくガス室に送られて行く時、この子たちはどんな顔をしていたのか、どんな声を上げたのか、どれほど怖かったかを思うと胸が潰れそうな思いになります。その建物を出ると、そこには美しい青空が広がっており、小鳥たちが木々の間を飛び交いつつ楽しそうにさえずっているのです。

記念館の出口にはホロコーストを伝える書物が販売されていました。その中の一つは厚い本でしたが、題名は『キリスト教世界におけるホロコースト』というものです。数え切れないほどの幼児を含むユダヤ人を虐殺したのはキリスト教世界に生きる人々です。ナチスドイツの人々だけではありません。キリスト・イエスにおいて示された神の愛を信じ、キリストを礼拝し、そして宣べ伝えている人々です。そういう人々がナチスのやっていることを支持し、あるいは見て見ぬ振りをしたのです。そうでなければ、あれほど大規模の虐殺はできません。

しかし、現在のイスラエルでは、至る所に分離壁という巨大な壁がユダヤ人によって建造され、パレスチナ人居住区を囲っています。かつて自分たちユダヤ人が壁に囲まれたようにです。そして、封鎖されたパレスチナ人の住むガザ地区からロケット弾が飛んできて数名の犠牲者が出ると、イスラエルはパレスチナ人の住宅地に空爆をして九十名以上の死者を出します。もちろん、その中には子どもたちが何人もいます。双方共に支配的立場に立つ男たちが、子どもの犠牲はやむを得ないこととしてやっているわけです。そして、そういう支配者を支持する人々もいるから、彼らはその立場に居続けるのです。ヘロデとエルサレムの民衆は根っこでは同じなのです。イスラエル側もパレスチナ側も、平和路線の支持が広がりません。その点は、今の日本も周辺各国も同じです。

私たちの国で新たに選ばれた政権は、原発容認の立場です。そのことは選挙前から明言していることですから、そのことを支持する人々がそれなりの数いるということです。先日、中渋谷教会でも内部被爆の恐ろしさに関するドキュメンタリーの上映会をしました。その映像の中に、二十年以上前のチェルノブイリの原発事故で被爆した人々を継続的に診察し続けている女性の医師が登場しました。子どもたちが甲状腺癌を発症する確率や、何らかの異常をもって生まれる赤ん坊の確率が他の地域に比べて高いことが紹介されていました。ここでも大人たちの犠牲は幼児なのです。

放射能汚染の問題は、身体の汚染そのものだけではありません。チェルノブイリ原発の事故後、放射能汚染から逃れるために約二十万人が家を失い、その中で千二百五十人がストレスで自殺し、十万人以上の女性が妊娠中絶したと推計されているようです。放射能汚染による癌発症で死ぬ人々の数よりもはるかに多い人々が、故郷を失い、仕事を失い、家族を失い、生き甲斐を失うことで死んでいくのだし、胎児は生まれる前に胎内で殺されるのです。しかし、それらすべての命よりも「力強い経済の復興が大事だ」と言う人々が政治を司り、そういう人々を支持する人々が多い。それもまたいつの世においても起こっていることです。

福島で聞いたこと

先日、福島である若いご夫婦に起こっていることを聞きました。奥様は韓国人なのですが、原発事故の翌日に幼い子どもを連れて帰国してそれから一回も夫の許に帰ってこないのだそうです。夫は住まいを福島から仙台に移して、そこから福島県内の仕事に通うようにしたのですが、奥様は帰ってこない。その理由は、子どもが福島出身であることを誰にも知られたくないからだというのです。そのことを知られたら子どもが結婚できない。母親はそう思っているので、帰りたくても帰れない。子どもを犠牲にはできない。そういう例は、他にも幾らでもあります。

原爆の被害を受けた広島や長崎の特に女性たちは、様々な差別に苦しみました。原爆を落としたアメリカに治療のために渡った人々もいます。「放射能の人体への影響に関する実験台になりつつ治療を受ける方が、日本国内で厳しい差別を受け続けるよりもマシだった」とある女性が言っているのを、以前テレビで見たことがあります。

一方で同情しても、放射能を浴びた女性だと分かれば絶対に嫁には迎えない。近寄らせもしない。そういう現実は今もあるし、これからもあるでしょう。

人間の錯覚

人間には制御できないもの、支配できないものがあります。核エネルギーはそういうものの一つでしょう。しかし、そういうものを制御し、自分たちの経済的豊かさのために利用できると錯覚する。その豊かさにこそ幸せの源があるのだと錯覚する。そして、「自分の幸せ」のためであるならば他の人々の犠牲はやむを得ないと思っている。その点で、世の政治家と私たち民衆は同じです。自分が犠牲者にならなければ、繁栄のための犠牲は容認する。それが、自分が神であるかのように錯覚している私たち人間の現実だと、私は思います。

人間は何によって生きるのか

エルサレムの人々はヘロデを嫌い、恐れながらも、「ユダヤ人の王」誕生の知らせを聞いてヘロデと共に「不安を抱いた」のです。根っこは同じなのです。そして、ヘロデの幼児虐殺の知らせを聞いても、「ああまたか。私の子でなくてよかった」と胸をなでおろすだけだったと思います。私はどうなのか？　と問わざるを得ません。だから、ここを読むことは苦しいし、語ることはさらに苦しいのです。皆さんも、聞くことは苦しいことだと思います。

マタイは、このヘロデの幼児虐殺という出来事も旧約聖書の預言の実現であったと告げます。そして、預言者エレミヤの言葉を引用します。ここに出てくる「ラケル」はイスラエルの族長であるヤコブの妻であり、次第にイスラエルの民の母の象徴のようになってきました。エレミヤは、イスラエルの子孫であるユダ王国がバビロンに滅ぼされ、多くの民が殺された様を見て母ラケルが嘆き悲しんでいると言っているのです。

聖書は、ユダヤ王国が滅亡した原因は王と民衆の罪にあるとします。主なる神に選ばれ、その御心に従うべき民なのに、王も民衆も目先の利益や力を追い求め、五穀豊穣、富国強兵をもたらす土着の神々に心惹かれていったのです。しかし、それは己が腹を神とするということであり、自分の願望、欲望に従って生きるということなのです。そして、人がその欲望に従い、パンで腹を満たすことを最優先にする時、人は自らを滅ぼしていくことになります。「人はパンだけで生きるものではなく、神の口から出る一つ一つの言《ことば》によって生きる」からです。

ヘロデの不安

ヘロデは、ベツレヘム周辺の幼子たちを虐殺することによって心に平安を得たわけではないでしょう。彼とても、自分がしている恐るべき業に思わず戦慄し、背筋が寒くなり、恐怖の中で眠れない夜を過ごすことがあっただろうと思います。また、彼自身が暗殺される身の危険を感じて、ひと時も安心できなかったと思います。以前に読んだ本の中に、晩年のヘロデの目はいつも血走っており、誰も近づかなかったと書かれていました。それは本当のことだろうと思います。

しかし、「イエス様はそのヘロデのためにも生まれた」のです。それは「私たちのために生まれた」と言うことと根っこでは同じことです。私たちが欲望に支配され、それに従うだけであるならばヘロデと同じだからです。私たちの誰もが、直接自分の手を下していなくても、幼子を犠牲にしつつ生きているのですから。ヘロデに対して「あなたのやっていることは罪だ」と言わないのであれば、そして、「罪を悔い改め、神様に赦しを乞い、救われなさい」と命を懸けて招かないのであれば、私たちも彼と共に「不安を抱き」つつ生きるだけのことだと思います。

十字架で死ぬために

イエス様は、この時、生き延びました。何故、イエス様はこの時、生き延びたのか？　それは十字架で死ぬためです。命を懸けて、「あなたのやっていることは罪だ。悔い改めなさい」と人々を招いた結果が十字架に磔にされることだったのです。

母マリアは、自分が抱いている幼児が目の前で殺されるという悲惨な目に遭わずにすみました。しかし、それから約三十年後、権力者と民衆がよってたかって自分の子どもを十字架に磔にして殺す様を見ることになったのです。

（一）

ピエタ

今日は、ミケランジェロが製作した「ピエタ」と呼ばれる彫刻の写真をお配りしておきました。ピエタとは「慈しみ」「憐れみ」、そして「悲しみ」を表す言葉です。そして、十字架上で息を引き取られたイエス様を母マリアが抱く様を描いた絵とか彫刻を「ピエタ」と呼びます。

十字架から降ろされたイエス様を抱いた時、マリアは幼子を殺された母親たちと同じく激しく嘆き悲しみ、慰めてもらおうとも思わなかったでしょう。イエス様の場合は権力者だけでなく、民衆も一緒になって十字架の磔にしたのです。弟子たちは裏切って逃げました。一体誰がマリアを慰めることができるでしょうか。彼女を慰める資格のある人は、この世にはいません。自分でイエス様を殺したり裏切った人々が、その母親を慰めることなどできるはずもありません。

マリアは、受胎告知の時、「その子は偉大な人になり、いと高き方の子と言われる。神である主は、彼に父ダビデの王座をくださる。彼は永遠にヤコブの家を治め、その支配は終わることがない」と天使から聞かされています。しかし、その子の人生の結末は、人々を愛した末に見捨てられ、裏切られ、神にも見捨てられたと呻かざるを得ないものなのです。人々に処刑されるのです。そのどこに王の姿があり、終わることがない支配があるのか。マリアに分かるはずもありません。彼女は、ただ血まみれになって息絶えた憐れな息子を抱いて泣くしかない。悲しみに打ちひしがれて泣くしかないのです。しかし、そういう姿だけがここにあるのだろうか、とも思います。

インマヌエル

先週、語ろうと思いながら省いたことがあります。それは東方の学者たちがベツレヘムの家に入った時に、原文では「幼子が母マリアと共にいるのを見た」と書かれていることについてです。

マタイによる福音書の特色のひとつは、イエス様をインマヌエル、「共にいます神」として描くことです。私は、通常なら「母マリアがイエス様と共にいるのを見た」と書かれるのではないかと思います。母マリアが幼子のイエス様を大事そうに抱いている。そういう姿がそこにあるからです。幼子は抱かれるだけであって、自分の意志で母と共にいるわけではありません。たしかにそうなのだけれど、この家の中で本当に起こっていることは、神の子のイエス様が母マリアと共にいるということなのだ。マタイは、そのことを「幼子が母マリアと共にいるのを見た」と表現したのではないか、と思ったのです。

ミケランジェロの「ピエタ」を見ての私の第一印象は、死体になってしまったイエス様を「マリアが」抱いている。悲しみに打ちひしがれながら抱いているというものです。それは、人間の罪の行きつく先を知らされたマリアが、悲しみに打ちひしがれているということでもあるでしょう。

しかし、実はそういうマリアと共に「イエス様が」いるのではないか。「自分の民を罪から救う」ために人として生まれ、命を懸けて神を愛し、人を愛した末に、ついに神にも見捨てられ、人にも見捨てられて殺されたイエス様が、人の世の悲しみのどん底にまで降って来てくださったイエス様が、マリアと共にいる。インマヌエルとして共にいる。ピエタとは、そのことを表しているのではないか。ここには人間の悲しみがあるだけでなく、その悲しみのどん底にまで降ってくださった神様の慈しみと憐れみが隠されている。マリアが、その時にそのことに気付いていなくても、事の真相はそういうことなのではないかと思います。

神の御心

ヘロデの幼児虐殺、それは人間がまだ野蛮だった頃に特別に野蛮な王が引き起こした特殊な事件ではありません。今でも母親たちが嘆き悲しむ声は世界中で聞こえていますし、親たちが泣き叫ぶ幼児に虐待を繰り返して死に至らせることもあるのです。欲望に支配されたごく普通の大人たちが、そういう出来事を引き起こしたり、見て見ぬ振りをしているのです。それが今も変らぬこの世の現実の一つです。

しかし、そういう世に、そういう世であることを知りながら、いや知っているからこそ、神様はご自身の独り子を赤ん坊の姿で生まれさせたのです。そして、この世の中で、死ぬほどの悲しみを味わいつつひたすらに「御心が行われる」ことを祈り願うイエス様に御心を示されたのです。その御心とは、イエス様が十字架に掛かることによって「自分の民を罪から救う」というものでした。

神様は、イエス様を生きたまま十字架から引き降ろすことをなさいませんでした。もし、そうしたらヘロデに幼子を殺されて嘆き悲しむ母親たちを慈しみ、憐れむことはできません。神様は、ご自身が悲しみのどん底に降ることを通して、悲しみの中にいる者たちと共に生きてくださるのです。罪が引き起こす深い嘆き悲しみを、神様はイエス様を通してご自身に引き受け、死を経験し、そしてそのことを通して死を打ち破ってくださったのです。そして、神様によって復活させられた主イエスは、天地を貫く神の国の王となってくださり、その支配を弟子たちを通して今も広めておられるのです。

今、私たちが主イエスの弟子です。こうして、イエス様をキリストと信じて礼拝をしている私たちが弟子なのです。自分が生き延びることだけを考えてイエス様を裏切って逃げ去ったのに、イエス様はそういう者たちを慈しみ、憐れみ、赦し、信仰を与え、今も共に生き、そして新たに語りかけてくださいます。

イエス様は、自分を殺した者たちに対する復讐を弟子たちに託し、何倍もの報復をすることを願ったでしょうか。違います。それは、地上の支配者たちが願うことです。イエス様は、すべての者が自分の罪を知り、悔い改め、十字架の前にひれ伏し、罪が赦されること、さらに復活を信じて復活に与ることを願われたのです。すべての罪人が神様と和解し、敵対する人間同士が和解することを求められたのです。そして、その和解の土台としての十字架の死と復活に自らの王座を据える。イエス様は、そういう王です。

その王がマリアに抱かれている。誰よりも深い悲しみを経験し、死を経験された方が、マリアに抱かれることを通して嘆き悲しみの声を上げる母親たちを慰めている。そして、死を超えた命を与えようとしている。そこに神のピエタ、慈しみと憐れみがある。私たちが、自分の罪に、また人の罪に打ちひしがれて嘆く時、その罪人のために死んだ方が共にいてくださる。そして、復活へと導いてくださる。憎しみや敵意から解放し、愛と赦しに導いてくださる。
マタイによる福音書は、それが神様の救いのご計画であることを告げます。そして、神様の言は必ず実現することを告げるのです。この言こそ、書き記されるべき言であり、行われるべき神の言です。だから、私たちはこの言を聴き、従う歩みを来る年も続けて行くのです。そこにのみ私たちの希望があり、世界の希望があるのです。

聖なる御父
感謝します。この世を見る限り、そして私たち自身を見る限り、何の希望もありません。でも主イエス・キリストを拝する時、あなたのもとからこの地上に降りて来てくださり、十字架においてそのすべてを味わってくださり、復活してくださったことを知ります。ただその一点のみに希望があります。その御子を私どもに与えてくださって、感謝いたします。
御子イエス・キリストの御名によって祈ります。アーメン。

（二〇一二年十二月三十日）

（二）

その名はインマヌエルと呼ばれる

マタイによる福音書一章一八―二五節

待降節（アドヴェント）を過ごしています。待降節とは、神の独り子イエス・キリストの誕生を感謝し祝うクリスマス礼拝への備えをする日々のことです。巷はのんきに華やいでいますけれど、イエス様の誕生を告げる記事はいずれも非常な緊迫感を持ったものです。

詩編の言葉

アドヴェントに入ってから、詩編四六編と四七編を読んできました。そこでは、「地の果てまで、戦いを断ち、弓を砕き槍を折り、盾を焼き払われる」と言われる主が、「力を捨てよ、知れ、わたしは神」と宣言しておられました。また、「すべての民」の王である主が神の都に入城される時、「諸国の民から自由な人々が集められ、アブラハムの神の民となる」と言われ、その日が待望されていました。

これらの詩を、古代イスラエルの人々の信仰の一端を示すものとして読んでいれば楽なことです。何でも他人事として聞いていれば楽なのです。しかし、自分に語りかけられる神の言葉として読む時には、のんきなことは言っていられません。非常に緊迫した気持ちになるものです。この様な主を、また王を、私たちは迎え入れ、ひれ伏して従うことができるのか、と問われるからです。

（二）

この世の論理

緊迫と言えば、最近の世界の情勢は非常に緊迫しています。日本の周辺に限っても、お隣りの国ではこれまで国家のナンバー2だった人が解任されると同時に処刑されたと報道されています。驚くべきことですし、恐ろしいことです。今後、あの国で何が起こり、それが近隣諸国にどういう影響をもたらすのか、まったく予断を許しません。また、年々大国志向を強めるもう一つの隣国は、海や空でじわじわと領有権の拡大を図り、周辺諸国との軋轢が生じています。そういう情勢の中で、私たちの国はこれまでの武器輸出三原則を放棄することを決めました。情勢が変われば、不文律のようなものであっても簡単に変わる。それがこの世の現実です。

私がここで言う「この世」とは、「力を捨てよ」と迫る神様とは真正面からぶつかる世のことです。この世においては、誰もが力を持つことに必死になっているからです。隣国が年々軍事力を増強していけば、心穏やかに過ごすことは無理な話です。だから自分たちも軍事力を増強していくことになる。「戦争はしない」と口では言いつつ、戦争に備えていく。この世の論理に立つ限りやむを得ないことだと思います。世界中の人々がその論理に立っているので、地の果てまで弓と槍と盾が増え続けるのです。それに応じて人間の不安と恐怖も増大し、事が起これば無残な死体が増え続けることになります。そして、私たちは敵の死体であるならば、それが増えることを望んでいます。一旦「敵」と名付けてしまえば、殺してよい存在、あるいは殺さねばならない存在になるからです。それが「この世」の論理です。

自分で自分を拝む人間

私たち人間は、人間とだけ敵対関係を持つのかと言えばそんなことはありません。私たちが最も鋭く敵対するのは実は神様なのです。「力を捨てよ、知れ、わたしは神」と宣言してこられる神こそ、私たちが最も嫌う相手です。こういう神は、できればいない方が有り難い存在です。

私たちは自分の支配者は自分でありたいと願っていますし、できれば人をも支配したいと願っているのです。単純な言い方をすれば、人は誰でも「自分の思い通りにしたい」と思っています。そういう人間にとって、思い通りになっている時は、神など必要ないし、神が何か口出しや手出しをしてくるならば、それは邪魔な存在です。自分が神に敵対しているとは誰も思っていませんが、それは神だと思っているものがその人の神だからです。自分で勝手に、「神もこう思うはずだ」「私の願いと神の願いは同じはずだ」と思い込んでいるからです。つまり、自分の思いに賛成し、協力する神はいてもよいけれど、そうでない神は不必要であり、むしろ邪魔なのです。でも、それは自分の願望とか欲望を神格化しているだけのことで、結局は自分で自分を拝んでいることです。実に滑稽にして惨めなことですけれど、私たちキリスト者を含む「すべての民」が、多かれ少なかれ同じことをしていると思います。

神を敵とする人間

クリスマスとは、神が立てた王が地上に誕生したことを祝う礼拝です。しかし、その王が誕生したという知らせはヘロデだけでなくエルサレムの人々にも不安を与えました。そして、「ユダヤ人の王」（メシア）となるべく生まれたイエス様は、生まれた直後から命を狙われることになるのです。そして、人々はイエス様を、神を冒瀆する罪人として、また「ユダヤ人の王」と自称する愚かな扇動者として抹殺することになります。その時、自分が神に敵対しているとは誰も思っていないし、むしろ神が求める正義を行っていると思っているのです。私たちが信じている「神」とは、往々にして「自分」のことです。そして、私たちが自分を信じる時に、私たちは最も鋭く神様と敵対しているのです。

パウロはこう言っています。

「何度も言ってきたし、今また涙ながらに言いますが、キリストの十字架に敵対して歩んでいる者が多いのです。彼らの行き着くところは滅びです。彼らは腹を神とし、恥ずべきものを誇りとし、この世のことしか考えていません。しかし、わたしたちの本国は天にあります」。
（フィリ三・一八—二〇）

キリストの十字架に敵対し、「自分の腹を神とする者たち」とは、キリスト者であると自認しつつ、自分の欲望を神として欲望に仕えている者たちのことなのです。キリスト者を迫害する人々のことを言っているのではありません。迫害者だけがキリストの十字架に敵対しているのではありません。私たちキリスト者もまた、気がつくと神の名を語り、キリストの名を語りつつ、自分の欲望や自分の思いに過ぎないものを正義とし善としていることがしばしばあります。そのようにして、神に敵対していることがしばしばある。キリスト者による神への敵対の方が、はるかに性質が悪いし、深刻な問題です。

敵を愛する神

パウロは、こうも言っています。

わたしたちがまだ罪人であったとき、キリストがわたしたちのために死んでくださったことにより、神はわたしたちに対する愛を示されました。それで今や、わたしたちはキリストの血によって義とされたのですから、キリストによって神の怒りから救われるのは、なおさらのことです。敵であったときでさえ、御子の死によって神と和解させていただいたのであれば、和解させていただいた今は、御子の命によって救われるのはなおさらです。（ロマ五・八―一〇）

（二）

「罪人」とは、結局のところ神の「敵」なのです。弱いとか、愚かであるとか、道に迷っているとか、そういうこともあります。でも、突き詰めていくと、その弱さや愚かさや迷妄のゆえに神の御心に背くことをし、敵対することになるのです。パウロは、ここで突き詰めた現実を語っているのです。罪人は神を敵として生きている。常に神を無きものとして、自分の腹を神として生きている。その様にして神を殺しているのだ、と。ここで語られているのは、私たちの気分ではなく、私たちの現実です。

そして、彼は神様の現実も語っています。その現実は、復活の主イエスと出会うことを通して、パウロが衝撃的に知らされたことです。彼が知らされたこと、それは、神はご自分の敵を殺してよい存在とは考えないということです。敵であれば殺してもよい、殺すべきだと考える人間は、神様にとっては敵です。裁くべきものであり、滅ぼすべきものなのです。しかし、神様は私たちを愛してくださっています。真実に愛することは本当に恐ろしいことです。

自分を愛するために人を愛するのであれば、それは安全でしょう。それが私たちの通常の愛です。だから、私たちは敵を愛することはしません。敵が敵でなくなったら愛することはあり得ますが、敵が敵である時に愛することはしない。それは、我が身を滅ぼすことにもなるからです。

しかし、パウロが語っている神様の愛は、まさに我が身を滅ぼす愛なのです。神様は罪人である私たちを愛してくださっています。だからこそ、罪をそのままにしておくことはできないのです。愛するとは共に生きるということです。しかし、神様が私たちと共に生きるためには、私たち罪人を義とする以外にはありません。神様は義なるお方、聖なるお方ですから。その神様と私たちが共に生きるためには、罪に汚れた私たちが義とされなければなりません。しかし、罪に堕ちた人間は自らを義とすることなどできません。自分は正しいと勝手に思い込むことはできても、思い込んでいることと現実はいつも違います。

罪人を義とする。そのために、神様が何をなさったか。神様の愛する独り子であるイエス・キリストをこの世に送ってくださったのです。そして、「キリストがわたしたちのために死んでくださった」のです。その「キリストの血によって」、私たちは「義とされた」のです。この「御子の死によって」、私たちは「神と和解させていただいた」のです。ここに神様の愛がある。敵を愛して救う愛がある。この愛の力だけが人を生かし、守るのです。だから、神は「力を捨てよ、知れ、わたしは神」とおっしゃる。

クリスマスで起こっていること

表現が適当かどうか分かりませんけれど、罪人をこのように愛することは、神様も考えたことはなかったというか、考えたくなかったのではないかと思います。自分で勝手に罪に堕ちていき、創造主である神様を無きものにし、自分の力を求め、己が欲望を神として従っている愚かな敵を愛することが、ついにご自身の独り子に肉を取らせて人の世に送ることになる。その御子は、人々から排斥されて血を流して死ぬことになる。それは十分に予想されることです。神様にとっては、考えただけで胸が張り裂けそうなことではないかと思います。だから絶対にしたくないことだったと思います。

しかし、クリスマスで起こっていることはそういうことです。敵を愛することは、自分が死ぬことです。神様は、その愛を貫いてくださった。新約聖書は、冒頭からそういう神の愛を告げ知らせているのだと思います。それは、神様がご自身の義（正しさ）を貫徹しつつも、これまでの義の殼を自ら破る決断をなさったということだと思います。ご自分を殺してまで罪人に義を与え、和解する。その愛で罪人を愛することを決断した。その神様の決断がクリスマスの出来事となって現れたのです。

その愛の形は、イエス・キリストを通して初めて現れたものです。ユダヤ人に対してだけでなく全地に生きるすべての民に現されたという点でも、この愛はそれまでの殼を破る、全く新しい愛です。私たち人間がその愛を受け入れ、義とされるとはどういうことであり、そこで私たちに求められていることは何か。それが問題となります。

（二）

ヨセフの苦しみ

先週は、詩編四七編の説教でしたけれど、後半はマタイによる福音書の冒頭にある系図から誕生物語、エルサレム入城、十字架と復活に関して語りました。今日は、ヨセフに集中していきたいと思っています。

イエス・キリストの誕生の次第は次のようであった。母マリアはヨセフと婚約していたが、二人が一緒になる前に、聖霊によって身ごもっていることが明らかになった。夫ヨセフは正しい人であったので、マリアのことを表ざたにするのを望まず、ひそかに縁を切ろうと決心した。

（マタ一・一八―一九）

ヨセフと婚約中のマリアが、聖霊によって身ごもっていることが「明らかになった」とあります。でも、「明らかになった」のはマリアが妊娠していることであって、それが「聖霊による」ものであることではありません。

マリアは、天使に語りかけられたままを両親と婚約者のヨセフに告げるしかなかったでしょう。しかし、それは信じろと言う方が無理な話です。マリアだって、最初は信じることはできませんでした。彼女を愛している親やヨセフも、彼女の言葉を信じることなどできようはずもありませんし、村人たちは尚更のことです。大きくなり始めたマリアのお腹を見る者は誰だって、マリアとヨセフが婚約期間中の掟を破って関係をもったか、マリアがヨセフ以外の誰かと不貞を犯したか、強姦をされたのではないかと想像します。日本のキリスト者や牧師の中にも、まことしやかにマリアはローマの兵隊に強姦されてイエスを身ごもったのだと言う人がいます。この世の論理に立てば、そうとでも考えるしかないのでしょう。マリアやその親、そしてヨセフはそういう人々に囲まれているのです。彼らの苦しみは深い。しかし、それがどんなに深くても、マリアは事実を告げるしかありません。

〝天使が私に向かって、「あなたは聖霊によって神の子を宿す。その子をイエスと名付けなさい」と言いました。私は抵抗しました。でもついに、「お言葉どおりこの身になりますように」と言う他にありませんでした。私は神様に身を捧げたのです。すると、身ごもったのです。〟

（二）

こう言うしかない。そして、このマリアの言葉以外に、ヨセフは目の前で起こっている現実を説明する言葉を聞けないのです。

ヨセフは「正しい人」であったと記されていますが、それは律法に従う人という意味だと思います。彼が不貞を犯した女としてマリアを訴えれば、マリアは石打ちの刑に処せられるのです。それが律法の定めるところです。しかし、マリアを愛するヨセフはそのことを望みませんでした。訴えることなく縁を切ることを心の中で決めた。でもそれはマリアを死刑にしない代わりに、父親の分からぬ子を身に宿した不埒な女として生きることを余儀なくさせます。そして、生まれた子は父親が分からぬ子という烙印を押されてしまいます。

天使の告知

このように愛と正しさ（義）を巡って苦しみ続けるヨセフに主の天使が現れて、こう言いました。

「ダビデの子ヨセフ、恐れず妻マリアを迎え入れなさい。マリアの胎の子は聖霊によって宿ったのである。マリアは男の子を産む。その子をイエスと名付けなさい。この子は自分の民を罪から救うからである」。（マタ一・二〇―二一）

夢の中でこの言葉を聞いた時、マリアが言っていることはすべて真実であることをヨセフは知りました。聖霊によって身ごもったことも、その子は「イエス」と名付けるべきことも、マリアが言ったことです。他の誰もそんなことは言い様がないのです。主の天使が語った言葉によって、彼はマリアが真実を語っていることを知らされ、その子が「自分の民を罪から救う」者であることを知らされたのです。

「イエス」とはヘブライ語では「ヨシュア」と言い、意味は「主は救い」です。ユダヤ人の中ではありふれた名前であったと言われます。当時、多くの人はローマの圧政からの解放や惨めな境遇からの脱出を願って、自分の子にヨシュアと名付けたのだろうと思います。しかし、神様がご自身の子をイエスと名付けるのは「自分の民を罪から救う」ためなのです。

その「自分の民」とは、詩編の言葉で言えば「全地」に住む「すべての民」のことです。それはユダヤ人に限ったことではありません。マタイによる福音書冒頭の系図は、そのことを表しているのです。その系図には男だけでなく女が入っており、ユダヤ人だけでなく異邦人が入っています。王も庶民もいます。そのすべての人間が神に背いたことのある罪人です。そのすべての人間を、神様は「自分の民」としてくださり、その民を罪から救うために御子を生まれさせる。御子は、すべての民の罪に対する呪いを一身に背負って生まれる。呪いを祝福に変えるアブラハムの子として。また、力によってではなく、愛によって全地を支配するダビデの子として。そのようにして、「主は救い」であることを示すためにです。（二）

マタイの信仰告白

その「イエス」誕生の時に起こったことは、異邦人の学者たちの献身的な礼拝とヘロデの幼児虐殺でした。この「イエス」の地上の歩みの最後は、十字架に磔にされる死です。ユダヤ人と異邦人、すべての民の代表者によって罪人として殺されるのです。しかし、その時、異邦人であるローマの百人隊長が「本当に、この人は神の子だった」と告白しました。そして、「イエス」は十字架の死から三日目の日曜日に復活され、弟子たちに向かって、「わたしは世の終わりまで、いつもあなたがたと共にいる」と語りかけられたのです。そのすべての歩みを通して「主は救い」であることが明らかにされていくのです。

そのイエス様のことを、マタイは「見よ、おとめが身ごもって男の子を産む。その名はインマヌエルと呼ばれる」という、預言者イザヤの預言の成就であると受け止めました。インマヌエルとは「神は我々と共におられる」という意味です。

新しくされたヨセフ

もちろん、ヨセフは夢の中でここまでのことを知らされたわけではありません。彼はこの時、それまでの自分が砕かれていく恐怖を感じただろうと思います。

天使が語ったことは、神様がご自分の殻を自ら破ってまでして、自分の民を愛そうとしておられるということです。神様にとっての「自分の民」は、「全地」に住む「すべての民」ですが、その「すべての民」は自分の正しさを絶対化して生きているのです。神に敵対する者です。神を否定する者も神の名を語る者も、結局は、自分の腹を神としている罪人なのです。しかし、その敵を愛するために、神は聖霊によってご自身の子をマリアに宿らせた。それは、それまでの神様の正しさ、義の殻を打ち破ることです。そこまでして、神は自分たちを愛してくださっている。その様にまでして、神様は自分たちと共に歩もうとしてくださっている。ヨセフはそのことを知らされたに違いありません。そして、そのことを知らされた時、彼もまたそれまでの自分が砕かれ、自分が心に抱く正しさの殻が破られていったのだと思います。

そこにある恐怖と喜びを通して、彼は新しい人間にされていったに違いありません。クリスマスを告げる記事がどれも緊迫しているのは、こういう理由があります。神の御子イエスをキリストして受け入れるとは、それまでの自分でできることではありません。自分が壊され、新しくされることなのです。それまでの自分が死んで、新しく生まれ変わることなのです。それはやはり恐ろしいことでもあるのではないでしょうか。

（二）

洗礼式

今日は、Nさんの洗礼式が執行されました。その式で私が必ず読む言葉は、ローマの信徒への手紙にあるパウロの言葉です。

キリスト・イエスにあずかるバプテスマを受けたわたしたちは、彼の死にあずかるバプテスマを受けたのである。すなわち、わたしたちは、その死にあずかるバプテスマによって、彼と共に葬られたのである。それは、キリストが父の栄光によって、死人の中からよみがえらされたように、わたしたちもまた、新しいいのちに生きるためである。（ロマ六・三―四、口語訳）

Nさんが真剣に礼拝に出席されるようになったのは、昨年の二月からです。ご主人のHさんの思いがけない死と葬儀を通して、Nさんは「頑張らないけれど、諦めない」礼拝生活を始められました。この「頑張らないけれど、諦めない」はHさんの遺言のような言葉です。Hさんは、苦しい人生を懸命に生きる中で、自分のために生まれ、十字架で死に、そして三日目に甦ってくださったキリストと出会い、全身を傾けるようにして信仰を告白し、それまで生きていた場からキリストの体なる教会の中に生きる場を変えた方です。洗礼を受ける時、それまでのHさんは死に新しいHさんが誕生したのです。

そのHさんの死と葬儀を通して、神は人の死を越えて共に生きてくださる方であることを直感したNさんは、以後、その神と出会うことを求めて礼拝生活を続け、今日の日を迎えました。Nさんにとっても、洗礼を受けるとは、これまでの自分の殻が破られて、新しくされることです。神様ご自身が自らの殻を破って、私たちの中に突入してくださった。その愛の力に圧倒され、打ち砕かれて、自らの力を捨て、インマヌエルを受け入れる。その時、神の敵であった罪人は祝福され、新たにアブラハムの神の民となるのです。今日、新たに一人の神の民が誕生したことは、私たちにとって大きな喜びですけれど、何よりも天における神様の喜びなのです。

クリスマスとは、旧い契約の貫徹としての新しい契約をすべての民に与えるために、神様が自らの殻を破り、天を引き裂いて地上に御子を誕生させてくださったことを感謝し、神の愛を宣べ伝える礼拝です。神様の愛はついに「独り子を与える」ことに行き着く。その愛を信じる時、人は罪から救われる。その喜びと感謝を一人でも多くの人々と分かち合い、神様を賛美するために、これからの一週間の歩みに派遣されたいと願います。

父なる御神様、あなたは私たちを愛するために御自身のあり方を変えてくださいました。インマヌエルとして御子に肉をとらせ、私たち罪人を義とし、生死を超えて共に生きてくださる神になってくださったのです。感謝いたします。私たちもその御子イエス・キリストを信じ、受け入れることを通して、新しい自分になることができますように。

主イエス・キリストの御名によって祈ります。アーメン。

（二〇一三年十二月十五日）

ユダヤ人の王

マタイによる福音書二章一―一二節

幸いと不幸

二〇一三年のクリスマスをこうして皆さんと共に迎えることができたことを嬉しく思い、神様に感謝します。クリスマスはイースターに次ぐ教会にとっては大きな祝いです。最も華やかな祭りと言ってよいでしょう。しかし、今年はこの礼拝堂で共にクリスマス礼拝を捧げていても少しもおかしくない何人かの方を天に送った年でもあります。Tさん、Fさん、Oさんがこの場におられないことは寂しいことです。そして、夕礼拝の常連だったKさんが、夕礼拝に来られないこともなんとも寂しいことです。ご家族の皆様にとっては、クリスマスシーズンは愛する者の不在の寂しさを倍加させるものだと思います。しかし、天に召された方たちは、今、寂しさを感じているのだろうかとも思います。

二十年ほど前から、私は葬儀礼拝の招きの言葉として、必ずヨハネの黙示録一四章一三節を読むことにしています。私の恩師の一人からいただいた年賀状にその言葉が書かれていたことがきっかけです。前年にその恩師のお身内が亡くなったのですが、その方も信仰を生きた方だから「喪中葉書」ではなく、「年賀葉書」で知らせると記されていました。
ヨハネの黙示録にはこうあります。

また、わたしは天からこう告げる声を聞いた。「書き記せ。『今から後、主に結ばれて死ぬ人は幸いである』と」。〝霊〟も言う。「然り。彼らは労苦を解かれて、安らぎを得る。その行いが報われるからである」。

（黙一四・一三）

葬儀にこられた御遺族が、葬儀の最初にこういう言葉を聞いた時に、どんな思いになるのか少し心配することがあります。「死ぬ人は幸いである」と真っ向から言うのは、通常ははばかられることだからです。死は通常は不幸なことであり、死と幸いは結びつかないからです。

しかし、信仰によって「主に結ばれている」ならば、「死ぬ人は幸いである」と聖書は語ります。その人たちは、地上における「労苦を解かれて、安らぎを得る。その行いが報われるから」です。「主に結ばれる」とは、この世における現実だけではなく、死を超えて存在する現実なのです。地上の現実だけでなく、天上の現実なのです。だから信仰において主に結ばれることは、私たちにとって本当に幸いなことです。この世の生ある時に主と出会い、主を信じ、主に結ばれて生きることに勝る幸い、喜び、感謝はありません。だから、私たちは悲しみに満ちた葬儀の中でも喜びを語る。不幸だと思われる現実の中に幸いを見るのです。そして、主を賛美するのです。

（二）

闇と光

この一週間は、三つの学校のクリスマス礼拝に出席しました。青山学院と女子学院中等部では説教をさせていただき、日本聾話学校では幼稚部の子どもたちのページェントを見させてもらいました。いずれも素晴らしい経験でした。

青山学院では、神様が天上から人間の行状や心の中にある悪を見て心を痛め、人間を造ったことを後悔するというノアの洪水物語から説教を始めました。女子学院中等部では、人間がその心に感じる深い孤独と絶望の問題から暗闇に輝く光について語り始めたのです。私が孤独とか闇を感じたのは小学生の頃でしたし、子どもだって十分に分かることだと思ったからです。

しかし、人間の心の中の悪、暗闇、そこから生み出される暴虐、孤独、絶望、クリスマスなのに、随分暗いことを語ったものだと思います。でも、暗闇を知らない者は、光も知らないでしょう。

お誕生、おめでとう

いつもどこかで暗いことを考えている私は、日本聾話学校の幼稚部の礼拝で降誕劇を見た時に戸惑いました。その劇は最初から最後まで「イエス様、お誕生おめでとう」という趣旨で貫かれており、実に明るいのです。私は、生まれたばかりの赤ん坊のイエス様を思う時に、「おめでとう」ではなく、

「ありがとう。すみません。申し訳ありません。かたじけない」という思いを抱いてしまいます。でも、その劇では東の国の博士や羊飼いたちが、生まれたばかりのイエス様に向かって実に素直に「おめでとうございます」と言い、ヨセフとマリアに向かっても「おめでとうございます」と言うのです。「博士や羊飼いは、これから始まるイエス様の苦難の歩みを知らないのだから『お誕生おめでとう』と言ってお祝いすることは何ら不思議ではない。でもな〜、僕は言えないな」という思いが湧き起こってしまい、そういう自分に戸惑ってしまったのです。

でも、劇の最後で、これまで私が経験したことのない思いを与えられました。私は、生まれたばかりのイエス様に向かって、素朴に「おめでとう」とは言えません。でも、生まれた時から「お気の毒だ。可哀そうに。生まれなければ苦しまなくて済んだのに。私たちのために生まれてくださって、申し訳ない。かたじけない」なんて言われたら、それこそ気の毒な話だと思いました。子どもたちが、たどたどしい発音で「イエス様、お誕生おめでとう」「ヨセフさん、マリアさん、おめでとう」「みなさん、どうもありがとう」と互いに挨拶し合う言葉を聞きつつ、「あ〜、イエス様にもこういう時があったんだ。単純素朴に『おめでとう、生まれてきてよかったね』と言われる時があったんだ。よかった。それはよかった。私も嬉しいです」と思えるようになり、劇の後の讃美歌を歌っている時には、おかしな感情かも知れませんが「イエス様よかったですね。こうやって喜び祝ってくれる子たちがいて」という気持ちになり、さらに「イエス様、お誕生、おめでとう」と言いたい気持ちになりました。ほのぼのとした劇を見ながら、こんなことを考える私がおかしいのかもしれません。

でも、聖書は、不幸の中に幸いを見、闇の中に光を見、誕生の中に死を見、死の中に新しい命を見るのです。通常の感覚で読んでいると困惑することばかりなのです。先週も言いましたように、クリスマス物語はそのどこをとって見ても、私たちを困惑させるのに十分なものばかりです。

（二）

マリアとヨセフ

ルカによる福音書のクリスマス物語では、天使が突然乙女マリアに現れて「おめでとう、恵まれた方。主があなたと共におられる」と語りかけます。その時のマリアを見ながら、私は「気の毒な人だ。あなたは神に選ばれてしまった。あなたはもう平凡な母親の幸せを生きることができない。気の毒だ。でも、お願いだから、主の言を受け入れて欲しい。あなたが受け入れてくれないと、私たちのための救い主が生まれないのだから」と複雑な気持ちになります。

彼女は、聖霊による懐胎という誰からも信じてもらえない現実を、その身に引き受けねばなりませんでした。石打ちの刑によって殺されることも覚悟しなければなりませんでした。ヨセフから婚約を解消され、実家からも村からも追放され、原っぱで赤ん坊を産み、その後も不幸のどん底を生きることを覚悟しなければならない。そういう悲惨なことが起こるかもしれないのに、天使は「おめでとう、恵まれた方」と言う。そのことに、私は戸惑います。

けれども、私などよりもはるかに戸惑っていたマリアは、最終的には主の言に自分自身を捧げるのです。それはこれまでの自分に死ぬことです。大変なことです。しかし、そのことによってマリアの中にイエス様の命が宿るのです。そして、それはマリアが新たに生まれ変わることでした。そのマリ

教文館
出版のご案内
2016｜4—6月

注目の新刊

キリスト教は女性をどう見てきたか
原始教会から現代まで

H.キュンク❖著　**矢内義顕**❖訳　4月刊行

初期教会で活躍した女性使徒や女性預言者はどこに消えたのか？　避妊や堕胎、聖職者の独身制や女性の叙階など、今日的な課題にまで踏み込んだ画期的なキリスト教女性史。

●2,100円　6723-7

教文館
〒104-0061 東京都中央区銀座4-5-1
TEL03-3561-5549（出版部直通）
http://www.kyobunkwan.co.jp/publishing/

アの口からほとばしるように出てくる賛歌は、とてつもなく大きな喜びに満ちたものです。私が気の毒だと思った現実は、マリアの心に大きな喜びを与えたのです。これもビックリです。

先週から読んでいるマタイによる福音書では、ヨセフの苦悩が描かれています。彼もまた、それまでの自分が破壊されることを通して、聖霊によって神の子を宿したマリアを迎え入れたのです。そのヨセフがいなければ、赤ん坊のイエス様がヘロデの手から守られて無事に成長することはありませんでした。

ヘロデ　学者

今日の箇所では、東の国から来た学者たちの喜びと、ヘロデの不安が描かれています。ヘロデは、学者たちから「ユダヤ人の王」が生まれたと聞いた時に「不安を抱いた」とあります。この言葉は、「恐怖のあまり叫び声をあげた」という場面でも使われる言葉です。現時点で「ユダヤ人の王」であるヘロデにしてみれば、自分の知らない所で自分以外の「ユダヤ人の王」が生まれたと聞かされるのは、心底恐ろしいことです。

それも、遠い東の国の占星術の学者たちが、神の預言に基づいてメシア誕生のしるしの星を見たとなると居ても立ってもいられないのは分かります。彼は、武力によって王になり、ローマ皇帝に媚を売りつつ弾圧と粛清によって王座を維持しているだけですから。正統性など何処にもないのです。神に立てられた王である訳でもありません。

（二）

学者たちが言う「ユダヤ人の王」とは、ヘロデのような単なる一国の王ではなく、神に立てられる「メシア」、「救い主」という響きを持ったものであることを、ヘロデは直感しました。だからヘロデは怯えた。でも、だからこそ学者たちはその方を「拝みに来たのです」。

彼らの国とユダヤでは数百キロも離れています。電車もバスもありません。彼らはその遠路を、駱《らく》駝《だ》に乗ったり歩いたりしてやって来たのです。ものすごい長旅です。何のためにそんなことをするのか。将来、交易関係を結んで利益を得るために顔を出しておいた方がよいと思ったのか？　そうではありません。彼らは預言の成就として神に立てられた「ユダヤ人の王」「メシア」を「拝む」ため、ただそのためにはるばるやって来たのです。そして、自分たちが持っている大切な財産、商売道具とも言われますが、黄金、乳香、没薬をすべて捧げて帰って行くのです。ここに異邦人による礼拝の原型があります。

大きな喜び

彼らは、自分たちを導いてきた星がイエス様のおられる所で止まった時に、「喜びにあふれ」とあります。「ものすごく大きな喜びを喜んだ」が直訳です。この「大きな喜び」という言葉は、天使が羊飼いにイエス様の誕生を知らせる時にも出てくる言葉です。

「恐れるな。わたしは、民全体に与えられる大きな喜びを告げる。今日ダビデの町で、あなた

がたのために救い主がお生まれになった。この方こそ主メシアである」。（ルカ二・一〇―一一）

羊飼いたちも、学者同様に喜びに溢れてイエス様を礼拝したのです。動物が口を突っ込んで餌を食べる飼い葉桶に寝かされているイエス様を、「救い主」「主メシア」として礼拝したのです。東の国の学者たちが神に見捨てられた異邦人の代表であるとするなら、羊飼いはユダヤ人の中の罪人の代表です。しかし、神様はそういう人々にまずクリスマスの大きな喜びをお与えになったのです。

ユダヤ人の王

「ユダヤ人の王」は、様々な意味を持ち得る言葉です。文字どおりの意味で「ユダヤ人の国を治める王」という意味があります。しかし、その「ユダヤ人の国」は当時ローマ帝国の支配下に置かれていました。ヘロデはローマの皇帝に媚を売ることによってその地位を保っていたのです。もし彼がローマに対して謀反を起こすような素振りを見せれば、ローマの皇帝はただちに彼から王位を剝奪するのです。だから、総督ピラトを常駐させて絶えず見張っている。そんな「ユダヤ人の王」をはるばる礼拝に来る人はいませんし、そんな「ユダヤ人の王」は、「民全体」つまり世界のすべての民に与えられる救い主であるはずもありません。

ユダヤ人の民衆の中には、ローマの支配に反感を抱く人々がいます。そして、時に武装蜂起を企てる人が、「我こそユダヤ人の王なり、メシアなり」と自称して民衆を扇動することがありました。そうなると、「ユダヤ人の王」とは、ローマにとっては極めて危険な存在となります。だから、反乱が起こると、彼らは即座に制圧しにやって来て、自分たちこそがユダヤ人の王であることを示すのです。

イエスは何者？

イエス様が、「悔い改めよ。天の国は近づいた」と言って宣教を開始して以来、人々はイエス様が誰であるかについて絶えず問われ続けました。私たちも同様です。聖書を読むとは、イエス様を何者と思うかと問われることなのです。

ある時、イエス様は人々がイエス様を何者だと言っているのか、弟子たちに尋ねました。弟子たちによると、人々は昔の預言者のような人だと言っていたようです。イエス様は弟子たちに問いました。

「それでは、あなたがたはわたしを何者だと言うのか」。（マタ一六・一五）

ペトロは弟子たちを代表して「あなたはメシア、生ける神の子です」という信仰を告白しました。「神の子」もまた「メシア」同様に「王」をも意味する言葉です。

「ユダヤ人の王」は「メシア」の意味もあり、それは当時、「救い主」を意味する場合があると言いました。しかし、その「救い」の内容によってメシア像も全く異なるものとなります。「病を癒してくれるからメシアだ」。「ローマの支配からユダヤ人を解放してくれるからメシアだ」。「繁栄を与えてくれるからメシアだ」。そう考える人は大勢いました。だから、イエス様はペトロを初めとする弟子たちに受難と復活の預言をされてから、「御自分がメシアであることをだれにも話さないように」と命じられたのです。イエス様が受難を経て復活に至るメシア（キリスト）であるということは、人々の予想とか期待とは全く違うものですし、あらゆる予想の範囲を超えているものなのです。だから、誰に言っても分からないのです。弟子たちも、この時は分かりませんでした。

十字架につけられた「ユダヤ人の王」

マタイによる福音書の中で「ユダヤ人の王」という言葉が出てくるのは、イエス様誕生の時と死の時です。イエス様は、ヘロデと同じ「不安」を抱いたユダヤ人の最高権力者である大祭司カイアファによって捕えられて裁判にかけられます。その時、彼はイエス様に、「お前は神の子、メシアなのか」と問います。イエス様が、「そうだ」と言えば、彼らは神を冒瀆する罪人としてイエス様に死刑を宣告するつもりなのです。イエス様は、その問いに対して、こう答えられました。

「それは、あなたが言ったことです。しかし、わたしは言っておく。
あなたたちはやがて、
　人の子が全能の神の右に座り、
天の雲に乗って来るのを見る」。
（マタイ二六・六四）

（二）

つまり、イエス様は彼らの想像を超える存在だということです。その方の支配は地上の国を越え、さらに地上全体を越えて天地を貫き、さらに永遠のものである。自分はそういう存在なのだ、とイエス様はおっしゃったのです。それは、肉体を持って生きている人間が言える言葉ではないし、言ってはならない言葉でもあるでしょう。カイアファは、その言葉をもって、神を冒瀆する罪人としてイエス様を死刑に処すべきだと決定し、人々も賛同しました。

しかし、当時のユダヤ人には死刑にする権限がありませんでしたし、カイアファたちは、イエス様を人々の前でさらしものにして殺したいという思いもあったので、ローマの総督ピラトに訴えて、彼の手でイエス様を十字架刑にしようとします。罪状は、ローマの皇帝に対して謀反を企てる「ユダヤ人の王」を自称しているというものです。つまり、政治犯に仕立て上げるのです。

ピラトもイエス様に問います。

「お前がユダヤ人の王なのか」。（同二七・一一）

この場合の「ユダヤ人の王」とは、ローマに謀反を起こそうとする人物という意味です。イエス様は「それは、あなたが言っていることです」とだけ言って、後は沈黙を守ります。一切の弁明をしません。何を言ったとしても、分かるはずもないのですから。

結局、イエス様は二人の犯罪者と共に十字架刑に処せられるのです。生きたまま十字架に釘打たれて、さらし者にされてしまう。そのイエス様の頭の上に「これはユダヤ人の王イエスである」と書かれた罪状書きが打ちつけられました。それはイエス様を嘲るためです。十字架に磔にされた王の姿ほど滑稽なものはないからです。ピラトはピラトの立場で、ユダヤ人の支配者たちは彼らの立場で、また十字架の下に集まってきた群衆は群衆の立場で、それぞれにイエス様のことを落ちた偶像のように嘲りました。

「神に頼っているが、神の御心ならば、今すぐ救ってもらえ。『わたしは神の子だ』と言っていたのだから」。（同二七・四三）

イエス様は、その嘲りを受けながら、「わが神、わが神、なぜわたしをお見捨てになったのですか」と祈りつつ息を引き取られました。それですべてが終わったかに見えました。学者たちがひれ伏し拝んだ「ユダヤ人の王」は、神を恨んで死に、何もかもが終わったかに見えたのです。

しかし、その十字架で死ぬイエス様の姿を見て、イエス様を十字架に釘で打ちつけ見張りをしていたローマの百人隊長が、「本当に、この人は神の子だった」と言ったのです。全く無力に、絶望的な祈りを捧げつつ死んでいったこの人を本当に神の子だったと告白する人が誕生したのです。

異邦人の礼拝

マタイによる福音書は、ユダヤ人に向けて書かれた福音書だと言われます。事あるごとに、旧約聖書が引用され、その預言が実現したと書かれているからです。でも、その福音書の冒頭に出てくるイエス様の系図には多くの異邦人の名が記されています。そして、生まれたばかりの赤ん坊であるイエス様、「ユダヤ人の王」を「生ける神の子メシア」として礼拝したのは異邦人です。そして、犯罪者として処刑されてしまったイエス様を「本当に、この人は神の子だった」と畏れをもって告白したのも異邦人です。異邦人とは、神の選びの民であることを誇りとするユダヤ人にしてみると、神に見捨てられた民なのです。しかし、その異邦人が「ユダヤ人の王」として生まれ、殺された方を礼拝し、神の子だと告白したのです。私たち日本人のキリスト者は、彼らに属する人間です。

（二）

復活の主イエス

二章で「拝む」と訳されたプロスクネオーは、しばしば「ひれ伏す」とも訳されます。そのプロスクネオーが最後に出てくるのは、十字架の死から復活されたイエス様が弟子たちと出会う場面です。彼らは、イエス様を「生ける神の子メシアです」と告白しながらも、最後は「あの人のことは知らない」とイエス様を見捨てて逃げ去った人々です。そして、皆ユダヤ人です。その彼らが、イエス様と最初に出会ったガリラヤ地方の山に来るようにと復活の主イエスから呼ばれるのです。

さて、十一人の弟子たちはガリラヤに行き、イエスが指示しておかれた山に登った。そして、イエスに会い、ひれ伏した。しかし、疑う者もいた。（マタ二八・一六―一七）

彼らはここで人間として初めて復活の主イエスを礼拝したのです。それは、イエス様を見捨てて逃げた自分たちの罪を赦してくださる方を礼拝したということです。「しかし、疑う者もいた」とは、こんな自分を赦してくれるのかという不安を感じたということではないかと思います。

その彼らに向かって、復活の主イエスはこう語りかけます。

イエスは、近寄って来て言われた。「わたしは天と地の一切の権能を授かっている。だから、あなたがたは行って、すべての民をわたしの弟子にしなさい。彼らに父と子と聖霊の名によって洗礼を授け、あなたがたに命じておいたことをすべて守るように教えなさい。わたしは世の終わりまで、いつもあなたがたと共にいる」。

（同二八・一八―二〇）

全く無力な赤ん坊として生まれ、全く無力に十字架に磔にされて死んだ「ユダヤ人の王」は、まさにその無力さによって、死から復活させられたのです。そして、神様から天と地の一切の権能を授けられた王となられたのです。

この王は何を支配するのでしょうか。ヨセフの夢に現れた天使が語った言葉を思い出すべきだと思います。

「この子は自分の民を罪から救うからである」。

（同一・二一）

（二）

天使は、そう言ったのです。そして、マタイは「その名はインマヌエルと呼ばれる」と言いました。「我らと共にいます神」、という意味です。

目に見える現実が何であろうと、私たちを支配しているのは罪であり死なのです。他の何ものも私たちを支配することはできません。弾圧したり、迫害したり、殺したりはできます。でも支配はできないのです。周囲の者たちを何人も殺し、二歳以下の男の子を虐殺したヘロデも、罪に支配されている罪人です。罪に支配され、死を恐れ続けた人間に過ぎません。そういう意味では学者も羊飼いも同じだし、大祭司も十字架の下にいた群衆も、逃げてしまった弟子たちも皆同じなのです。

主イエスが何者であるかが分かった時、ただその時にだけ、人間は主イエスを拝む、ひれ伏し礼拝するのです。主イエスが何者であるかが分かるとは、自分が罪に支配された罪人であると分かることだからです。そのことが分かれば、必死になって罪の赦しを乞い求める以外にないし、赦しを信じて賛美する以外にないのです。

その罪の現実を知らされた者のみが、イエス様の誕生を喜ぶことができるのです。私たちを罪から救うインマヌエルの誕生を喜ぶことができるのです。その喜びとそこから生じる賛美は、天と地を貫きます。だから、私たちは既に召された兄弟姉妹と共に今日のクリスマスを祝うのです。私たちの救いのために人として生まれ、十字架の上で死に、復活し、天に上げられ、今も聖霊において共に生き、今日もこの礼拝堂に臨在し、命の糧である御言と聖餐の糧を与えてくださるイエス様の誕生を祝うことができるのです。この喜びに勝るものはありません。

そのことを知る時、私たちは私たち自身をイエス様に捧げつつ、「イエス様、お誕生、おめでとう。

私たちも新しく生まれました。喜んでください。私たちに『おめでとう』と言ってください。今日は、あなたにとっても喜びの日ですよね」と言えるのです。なんという幸いかと思います。

聖なる父なる御神

御言を感謝をいたします。聖霊と共に御言が与えられなければ、私たちはこの闇の世にあって、傷つき疲れ果て、その闇に飲み込まれるだけです。何の希望も持つことができません。ただ、あなたが、それまでのあなたのあり方を打ち破って、御子を世に降し、御子はその生まれた時からこの地上に居場所がなく、最後は処刑場で殺されるその人生を歩み通してくださり、死にて葬られて、陰府にくだり、しかし、復活され天に上げられて、今は霊と言を通して私どもを養い導き生かしてくださいます。その闇に輝く命の光である御子主イエス・キリストを私たちはこの礼拝において知り、この礼拝においてその主イエスの言を聴き、新たな命を与えられ、あなたの御国の国民としての使命を与えられ、励ましを受け、これからの一週間の歩みに出て参ります。

御神どうぞ、この世と共に生きる者ではなく、キリストと共に生きる者として、私どもを遣わしてください。闇の中で呻き苦しみ、望みを失い、倒れている多くの人々がいます。その人々にキリストが生まれたことを、今生きていることを、共に生きてくださることを証しすることを許してください。主イエス・キリストの御名によって祈ります。アーメン。

（二〇一三年十二月二十二日　クリスマス礼拝）

すべての民を私の弟子にしなさい

マタイによる福音書二章一三―二三節

人に忘れられる

クリスマス礼拝から一週間が経ちました。クリスマス礼拝には多くの方が集まります。もちろん、私たちキリスト者にとっては、毎週の礼拝が「心に留め」て「聖別」すべき安息日の礼拝です。毎週来られない方たちもいますし、せめてクリスマスだけはと願って体調や事情を整えて来られる方もいます。中渋谷教会の場合は、毎週電話を通して礼拝を共にしておられる方もいます。大事なことは、神様を礼拝することを忘れないということです。忘れられるということは辛く悲しいことです。あの人は、礼拝生活をすっかり忘れてしまったのではないか、クリスマス礼拝すら忘れてしまったのではないかと思わざるを得ないことは悲しいことです。

若い人たちに人気がある漫画に『ワンピース』というものがあります。私は勧められて一巻だけ読みました。その中にこういうセリフがありました。

「人はいつ死ぬと思う？　それはな、すべての人に忘れられた時なんだ」。

肉体の死が人の死を意味する訳ではない。すべての人に忘れられた時、人は死ぬ。肉体が生きていても、すべての人に忘れられた時その人は死んでいる、ということでもあります。

欧米社会では、クリスマスシーズンに自ら命を断ってしまう人が多いと聞いたことがあります。それは、クリスマスを共に祝う家族や友人がいないことが原因なのです。たとえ家族が故郷に生きていても、もはや笑って会える関係を失っている。その孤独は深いものです。そして、その孤独を痛切に知らされるのがクリスマスシーズンなのです。ちょっと前の日本で言えば盆とか正月でしょう。

神に忘れられる

週報に記載されていますように、先週のキャンドルライト・サービスは百六十九名の方たちと祝うことができました。半分が教会員で、あとの半分は私たちがお招きした方たちです。皆、誰かの知り合いか家族です。毎年楽しみにして来られる常連の方が何人もいます。その方たちは、その日を忘れずに大切にしてくださっています。そのことが、私たちにとっての大きな喜びです。

キャンドルライト・サービスでは、毎年大人と子どもが共にページェント（キリストの降誕劇）を捧げています。神の家族としての教会を実感する一つの機会です。私の演出は毎年変化しますが、羊飼いたちのセリフはほとんど決まっています。今年は、久しぶりにS長老に老羊飼いを演じていただきました。S長老が「今日も寒いな、全く。腹も減ったし」と言うと、子どもたちが続いて、「遠くに町のあかりが見えるけれど、ぼくたちは、いつもこうやってさびしいところで羊の番だ。まったく嫌になっちゃうよ」。「神様は、俺たちのことなんか忘れちまったんじゃないかな、どう思うよ、おい」。「そうだな……おじいちゃんの代よりもずっと前から、いつか救い主が来るって聞いていたよな」と言うのです。今年は、救い主を待ち続けている間に非常に大きくなってしまった二匹の羊も登場しました。

羊飼いは、当時、まともな市民として見られていませんでした。落ちぶれていった最下層の労働者であり、人々からは忘れられた存在です。家族もいなかったと言われています。そういう貧しさや孤独の悲しみに加えて、神様からも忘れられている。つまり、見捨てられていると思わざるを得ない悲しみが加わっていたのです。当時の社会では、彼らは罪人の代表でもあったからです。

しかし、神様は、そういう羊飼いにこそ、真っ先にイエス様の誕生をお伝えになりました。

天使は言います。

「恐れるな。わたしは、民全体に与えられる大きな喜びを告げる。今日ダビデの町で、あなたがたのために救い主がお生まれになった」。（ルカ二・一〇―一一）

本当に衝撃的な場面です。神は忘れてはいない。メシアを送るという約束を忘れてはいない。そして、御自身がお造りになった「すべての民」を忘れてはいない。人の数にも入れられていないような羊飼いのことを、神様は決して忘れてはいない。忘れていないどころか愛している。天使の言葉は、そのことを表していると思います。

大きな喜びを分かち合う時

クリスマスシーズンは、牧師にとっては訪問の季節です。ご自宅に伺う時は、聖餐のパンとぶどう酒をもって訪問させていただきます。私にとって、訪問は確かに大変です。特にこの季節は、年末の混雑に巻き込まれますから、うんざりもします。でも、二人また三人でクリスマスの賛美歌を歌い、クリスマスのショートメッセージを語り、共に聖餐の恵みに与り、祈ることは、「大きな喜び」を分かち合う時です。心からの感謝と賛美を神様に捧げる時なのです。だから、体は疲れても心は燃えます。体は元気なのに心が萎えているより余程よいのです。

お訪ねする方たちは、お話しできる方もいればお話しができない方もいます。お話しできる方は、教会から送られてきているクリスマス・カードをとても喜んでおられます。そして、「教会の皆さんに宜しくお伝えください」とおっしゃいます。高齢になると、それまでお交わりがあった方たちとも疎遠になります。友人が亡くなっている場合もあります。

しかし、教会からは毎年必ずクリスマス・カードが届く。誕生カードが届く。会報や週報も届く。牧会委員の方が、教会の様子などを一筆書いてくださる。祈ってくださる。〝自分は忘れられていない。見捨てられていない〟そういうことを知らされて、教会の交わりの貴さをしみじみと知るのです。

先日お訪ねしたHさんやSさんとは、今回初めて聖餐礼拝を共に致しました。お二人とも、その後のお祈りの中で「神様が私の家にまでやって来てくださって、何とお礼を申し上げたらよいか分かりません」と感謝の祈りを捧げておられました。クリスマスとは、神様が私たちのところにやって来てくださることです。そして、共に生きてくださる神（インマヌエル）であることを知らされる時です。そのことを分かち合う喜びがクリスマスにはあります。そしてその喜びは、この会堂の中にだけある訳ではありません。イエス様の名の下に二人または三人が集まる所にあるのです。また、独り、主に祈る所にもあるに違いありません。

（二）

クリスマスの闇

しかし、クリスマスの喜びの陰には恐るべき闇があることも事実です。今日、お読みしたヘロデによる幼児虐殺がそれです。

ヘロデの周りには多くの人がいます。家族もいますし、臣下もいます。そういう意味では、彼は孤独ではありません。しかし、彼は絶えず猜疑心を抱いており、少しでも自分の地位を脅かしそうな人間は殺害しました。妻や子どもも例外ではありませんでした。だから、彼は深い孤独の中を生きているのです。そういうヘロデにとって、絶えず恐怖の対象であったのは聖書の預言です。いつの日か、「ユダヤ人の王」としてメシア、救い主が生まれる。そういう預言です。東の国から来た学者たちは、その預言が実現したはずだと言っている。その時から、彼は恐怖に怯え、その赤ん坊を殺すことだけを考え始めました。

しかし、彼が斥候のように遣わした学者たちは帰って来ません。神様がヘロデの所に帰ることを彼らに禁じたからです。神様はヨセフにも、ヘロデの手から逃れるためにエジプトに行くように命じられました。

ヘロデはそのことを知る由もありません。学者たちが帰って来ないことを知ると、彼は即座に兵士たちをベツレヘムに遣わして、「ベツレヘムとその周辺一帯にいた二才以下の男の子を、一人残らず殺させた」のです。クリスマス物語の闇がここにあります。

兵士たちは、好きでそんなことをした訳ではないでしょう。ヘロデに命令されたからやった。やらざるを得なかったのです。日本の兵士たちも、中国人の民間人を「度胸試し」あるいは「新兵訓練」という名目で、銃剣で刺し殺すことを命令されました。そのことを誇らしげに証言する人もいれば、激しい苦しみの中で胸を打ちながら証言をする人もいます。命令に逆らえば、自分が味方から殺されるのです。

戦争は、人間を狂気に落とすものです。平和な社会では極悪非道な犯罪が、戦場では褒め称えられる武勲になり、そして死ねば「英霊」として祀る神社もあります。それは死者を悼んでいるのではなく顕彰しているのであり、新たな英霊を生み出す備えをしているということでしょう。それも信教の自由ですから、保障されるべきことです。しかし、総理大臣が公式参拝すれば特定の宗教を政治利用していると批判されるのは当然でしょう。また、「国のために命を捧げた『英霊』」とは、民間人を殺した人であるとか、女性を性的奴隷として扱ったとか、そういう具体的な行為とは関係なく、日本帝

（二）

国の軍人であれば等しく英霊となるわけです。強制的に日本軍の兵士とされてしまった内地の人々は勿論のこと植民地の人々もです。合祀を取りやめて欲しいと何度願っても受け入れられない日本人やかつての植民地の人々の現実があります。しかし、そんなことは一向にお構いなく祀ってしまえば同じことと言う神社に、日本国の総理大臣が参拝した上で「国のリーダーとしてお参りするのは当然だ」と言うとすれば、それは「日本国民は同じように思うはずだ、いや思うべきだ」と言っていることになるでしょう。しかし、その件についても様々な見解があってしかるべきであり、思想信条に関しては個人の自由が保障されていなければならないと、私は考えます。そして、侵略を受けたアジア諸国の人々が、自分たちを辱めた人々をも含めて「英霊」とする神社のあり方に大きな疑問と批判を抱くのは当然であると、私は考えます。そして、そこに合祀されるのは屈辱であると考えるのは当然でしょう。

ヘロデの兵士の中には、自分のやったことを生涯後悔し、その恐るべき光景を思い起こしては苦しんだ人もいたはずです。その時の子どもの泣き声、母親たちの叫びやその顔を忘れることができずに苦しんだ人たちがいたはずです。

そして、子どもたちを殺されて嘆き悲しみ、慰められることさえ拒否した母親たちの苦しみと悲しみは生涯癒されることはなかったでしょう。今でも、そういう親たちは世界各地の紛争地域にはたくさんいます。世界の至る所で、弾圧があり、迫害があり、幼児虐殺があるからです。

「ラマで声が聞こえた。

激しく嘆き悲しむ声だ。
ラケルの子供たちのことで泣き、
慰めてもらおうともしない、
子供たちがもういないから」。
（マタ二・一八）

ラマはベツレヘムのことで、ラケルとはイスラエルの先祖ヤコブの妻のことです。人間の歴史の中では、それらの子どもたち、また親たちは忘れられていきます。しかし、戦争という恐るべき犯罪は美化されて記憶され、新たな犯罪が用意されるのです。ある人々の「不戦の誓い」は、戦争に備えて軍備を強化し、そこに向けての法整備をしながらの誓いです。その場合の「不戦の誓い」は、来るべき戦争の勝利の誓いだと、私は思います。

すべてはイエス様に流れ込む

イエス様は、生まれた時に何が起こったかを、ヨセフやマリアから聞いたのではないかと思います。何故、自分がエジプトで幼少期を過ごしたのか。その時、ベツレヘムでは何があったのか。そして、何故今、ヨセフの故郷であるユダヤのベツレヘムではなくガリラヤのナザレで暮らしているのかを、お聞きになったのではないか。だとすると、自分の誕生の陰に、多くの子どもたちの無残な死があり、母親たちの嘆き悲しむ声が上げられた。そのことを、イエス様はどういう思いで受け止められたのかと思います。もちろん、そんなことは聖書のどこにも書かれていないのですから、分からないのです。想像する以外にはありません。私は、ヘロデの心にある凄まじい孤独と苦しみ、殺された子どもたちの恐怖、母親たちの嘆き、兵士たちの慙愧の念。そういうすべてのものがイエス様の心の中に流れ込んでいたのではないかと想像します。

（二）

預言の実現としてのイエス・キリスト

マタイによる福音書は、旧約聖書をたくさん引用する福音書です。一章と二章だけでも、旧約聖書の「預言が実現するためであった」と五回も記されています。冒頭の「アブラハムの子ダビデの子、イエス・キリストの系図」という書き出しと、それに続く十四代ごとに区切られた系図もまた、神様の約束、預言が実現していくことを表しているのです。

アブラハムは、「地上の氏族はすべて、あなたによって祝福に入る」という神様の預言を聞くことによって見知らぬ土地に旅立った人です。その預言は、イエス・キリストの誕生によって実現していくのです。

ダビデは「あなたの王座はとこしえに堅く据えられる」と預言された王です。その預言もまた、「ユダヤ人の王」としてお生まれになったイエス様を通して実現していくのです。マタイは、そう理解しています。

それは何を表しているかと言えば、神様は、アブラハムの子孫であるユダヤ人のことを、また異邦人のことを決して忘れていないし、その罪がどれほど深くても見捨てたりはしないということです。天使はヨセフに、マリアの胎にいる子は「自分の民を罪から救う」ために生まれるのだと告げます。ユダヤ人も異邦人も、すべての民が罪から救われる。それが、「地上の氏族はすべて、あなたによって祝福に入る」という預言の実現なのです。そして、罪と死の支配を打ち破って天と地を貫く神の国をもたらす方こそ、「あなたの王座はとこしえに堅く据えられる」と言われる真の「ユダヤ人の王」なのです。

わたしの愛する子、わたしの心に適う者

「アブラハムの子」また「ダビデの子」として、「自分の民を罪から救う」使命を与えられていることを、イエス様がいつどのように自覚されたかは分かりません。ただ、神様はその最初から、罪人を罪から救うためにイエス様を地上に送られたことは確実なことです。罪人を新たに祝福し、ご自身の支配、神の国に迎え入れるために危険に満ちたこの世に愛する独り子を送られたのです。

イエス様は、ヨハネから洗礼を受けた時に、すべての人間の罪をその身に背負う覚悟を決められたのではないかと思います。そのイエス様に神様は聖霊を送り、「これはわたしの愛する子、わたしの心に適う者」と語りかけ、イエス様はその声をお聞きになりました。イエス様もまた、神様の聖霊と言葉によって力づけられ、支えられてその使命を果たしていかれるのです。

神様から「愛する子」と言われた時、イエス様はご自身の身代わりになって殺された子どもたちの

こと、また子どもを殺されて嘆き悲しむ母親たちのことを忘れていたわけではないでしょう。そして、殺したヘロデと彼の兵士たちのことも忘れていないと思います。しかし、忘れないとは具体的にはどういうことなのか。

（二）

十字架　復活　再臨

先日、青山学院のクリスマス礼拝で説教をさせていただきました。その要旨を会報の巻頭言としました。説教は十五分と決められています。礼拝後に、ある教授が「この短い時間の間に語るクリスマス説教で、よく十字架と復活まで語れますね」と言ってくださいました。もの凄く時間をかけて短い説教を作ったので、そういう意味でも教授の言葉は嬉しかったのですが、パウロは、コリント教会の信徒に向けた手紙の中でこう言っています。

わたしはあなたがたの間で、イエス・キリスト、それも十字架につけられたキリスト以外、何も知るまいと心に決めていたからです。（Ⅰコリ二・二）

私にとっても、イエス・キリストを語ることは十字架のイエス・キリストを語ることなのです。そして、十字架のイエス・キリストを語ることは復活のイエス・キリストを語ることです。十字架と復活は一つのことの両面なのであり、バラバラの二つの出来事ではありません。そして、使徒信条でも「処女マリヤより生まれ」に続く言葉は、いきなり「ポンテオ・ピラトのもとに苦しみを受け、十字架につけられ」です。誕生、即、十字架です。その後に続く言葉は「死にて葬られ、陰府にくだり、三日目に死人のうちよりよみがえり、天に昇り、全能の父なる神の右に坐す」です。つまり、イエス様の誕生は十字架の死と復活に向けてのものであり、十字架と復活は昇天と再臨に向けてのものです。今は天に挙げられているイエス様は、世の終わりの日に「かしこより来りて、生ける者と死ねる者とを審かれる」お方です。そのことを、パウロはこう言います。

世の終わりが来ます。そのとき、キリストはすべての支配、すべての権威や勢力を滅ぼし、父である神に国を引き渡されます。キリストはすべての敵を御自分の足の下に置くまで、国を支配されることになっているからです。最後の敵として、死が滅ぼされます。

（同一五・二四—二六）

死んだ者も忘れない

「ユダヤ人の王」として生まれたイエス様は、地上の王国を支配するヘロデとかアウグストとは全く次元が違う王です。世の終わりには、すべての人間を支配している権威や勢力を滅ぼす王なのです。そして、生ける者と死ねる者とを審かれるお方です。死んだ者には無力なお方ではない。死んだ者を滅ぼすことも救うこともおできになる方です。イエス様は天から降って来て、十字架の死を通して陰府にまで降り、そこから天に挙げられた王だからです。

（二）

幼児を殺すよう命じたヘロデ、殺したヘロデの兵隊、殺された幼子、その母親。この人々は立場が違います。殺した側の責任が消えてなくなるわけがありません。戦争に人々を動員した人と、命令で人殺しをさせられたり、殺されたりした人を同じだとは言えないのです。しかし、イエス様はすべての民のことを忘れないし、見捨てないお方です。

共に生きる

イエス様は、すべての民を罪から救うためにお生まれになりました。殺される者、殺す者、忘れる者、忘れられる者、すべての民をイエス様は忘れない。忘れないとは、結局、共に生きることに行き着くのです。共に生きるためには赦しがなければなりません。私たちは赦し合わなければ共に生きることはできないのです。赦しの愛がなければ、人と人は共に生きることはできません。空間的に一緒にいることが共に生きることではないのです。イエス様が私たちと共に生きるためにも罪の赦しが必要なのです。

神の子の死

イエス様は、すべての人の人生を背負い、罪を背負い、そして死を背負われるためにマリアからお生まれになりました。そして、イエス様の死は十字架の死でした。その時、イエス様はこう叫ばれたのです。それは神に向かっての叫びであるが故に、祈りでもあります。

「わが神、わが神、なぜわたしをお見捨てになったのですか」。（マタ二七・四六）

これが神の子、キリストの死です。ここにある嘆き、悲しみ以上に深いものはありません。私たちは、この祈りの深さを知り得ようもありません。

「神に見捨てられた神の子」ほど惨めなものはありません。私たちがどんなに惨めな目に遭ったとしても、この時のイエス様の比ではありません。

イエス様は人として死んだのです。それも、殺されるという形で。それも、罪人として処刑されるという形で。罪のないお方が、罪人たちの手によって、その罪人たちを罪から救うために、罪人の一人として処刑される。これ以上に不可解にして理不尽なことはないと思います。けれど、そのことによってしか、イエス様は「自分の民を罪から救う」ことができない。そこに神様の御心があるからです。イエス様がどれほど切実に、「この杯を取りのけてください」と祈られても、神様の御心は変わりませんでした。

この十字架に磔にされた人こそ、「これはわたしの愛する子、わたしの心に適う者」の真実の姿なのだと思います。十字架に磔にされたイエス様の姿を天から御覧になりつつ、父なる神様は改めて「あなたはわたしの愛する子、わたしの心を完全に行った子だ」と、その心の内で語っておられたの

（二）

ではないか。

ヨハネから洗礼を受けた時、天からの声はたしかにイエス様に聞こえました。しかし、この時、神様はその声をイエス様にお聞かせになることはなさいませんでした。でも、御子が処刑されながら「わが神、わが神、なぜわたしをお見捨てになったのですか」と叫ばれるのを神様は心引き裂かれる思いで見ながら、「あなたはわたしの愛する子、わたしの心を完全に行った子だ」と心の中で叫んでおられたのではないか、と私は思います。イエス様が死んで葬られ、陰府にまで下った後に復活されたのは、御心を完全に生きられた方に対する神様の応答であり、私たち罪人に対する恵みです。聖霊によってイエス様をマリアの胎に宿らせることと、イエス様を十字架の死から復活させることは、全能の父なる神の専権事項だと思います。

神様はイエス様をマリアから生まれさせ、死人の中から甦らせることを通して、ご自身が決して罪人を見捨てない神、忘れない神であることを啓示してくださいました。罪を赦して共に生きる神であることを啓示してくださったのです。

神の子の復活　再臨

イエス様は、逃げた弟子たちをある山の上に呼び集めてこう語りかけられました。

「わたしは天と地の一切の権能を授かっている。だから、あなたがたは行って、すべての民をわたしの弟子にしなさい。彼らに父と子と聖霊の名によって洗礼を授け、あなたがたに命じておいたことをすべて守るように教えなさい。わたしは世の終わりまで、いつもあなたがたと共にいる」。

（マタ二八・一八―二〇）

イエス様が私たちと共にいる。それは罪の赦しの現実です。罪からの救いの現実です。イエス様は、この救いを私たちに与えるために生まれ、十字架の死を経て甦らされたのです。その恵みに与る機会は、肉体の死を越えて「世の終わりまで」信仰の中にあるのです。

その世の終わり、イエス様が再臨して生ける者と死ねる者を審き給う時には、ベツレヘムで殺された幼児とその母親とヘロデとその兵士が、イエス・キリストの赦しの中に和解することができるかもしれない。陰府において、イエス・キリストと出会い、その説教を聴き、イエス・キリストの十字架の死と陰府降りと復活はすべて自分の罪の赦しのためであり、イエス・キリストは死を滅ぼしてくださった王であり、すべての民を祝福してくださる救い主であることを信じることができるなら、その時、すべての民が罪から救われて、永遠の王であるイエス・キリストの前にひれ伏して賛美できるでしょう。それがイエス・キリストによって既にもたらされ、終わりの日に完成する祝福に満ちた神の国なのです。

私たちを愛してくださる神様は、そして私たちが愛する神様は、天地創造のその時から、そしてイエス・キリストの誕生のその時から、その神の国の完成に向けて救いの御業を続けてくださっているのです。だから、私たちは何があっても希望を失わずに前進していけるのです。

（二）

来る年、この国はどういう方向に進むのか私には分かりません。私個人はかなり悲観的です。しかし、何があっても、イエス・キリストは私たちと共におられます。私たちのことをお忘れになることはないし、私たちは神様に見捨てられることはないのです。だから、私たちは今日も派遣されます。「あなたがたは行って、すべての民をわたしの弟子にしなさい。彼らに父と子と聖霊の名によって洗礼を授け、あなたがたに命じておいたことをすべて守るように教えなさい」と。

嘆き悲しみの声はあちこちから聞こえてきます。私たちが、嘆き悲しむ声を上げることもある。でも、イエス様はおっしゃる。「わたしは世の終わりまで、いつもあなたがたと共にいる」と。だから、希望をもって新しい年へと向かって主と共に前進していきましょう。

この世のあらゆる帝国、王国、国家はいつの日か消えてなくなりますが、主イエスが王である神の国は終わりの日には実現し、神の栄光のみが賛美されるのですから。そして、私たちは与えられた信仰によって既に神の国の中を生きているのですから。私たちは望みをもって生きていくことができるのです。

父なる御神様

私たちはこの世の現実を見て、また私たちの内実を見て、絶望してしまうことがあります。しかし、そのすべてを味わい知りつつ、何よりもその身に経験しつつ、復活によって打ち破り、昇天し、世の終わりの日に神の国を完成してくださる御子イエス・キリストがいます。その主によって私たちは今日も生かされています。そのことを証しすることができますように。

御子イエス・キリストによって祈ります。アーメン。

（二〇一三年十二月二十九日）

ルカによる福音書（一章二六―八〇節、二章一―四〇節）

1

イエスの誕生が予告される

26六か月目に、天使ガブリエルは、ナザレというガリラヤの町に神から遣わされた。27ダ
ビデ家のヨセフという人のいいなずけであるおとめのところに遣わされたのである。その
おとめの名はマリアといった。28天使は、彼女のところに来て言った。「おめでとう、恵まれた
方。主があなたと共におられる」。29マリアはこの言葉に戸惑い、いったいこの挨拶は何のこと
かと考え込んだ。30すると、天使は言った。「マリア、恐れることはない。あなたは神から恵み
をいただいた。31あなたは身ごもって男の子を産むが、その子をイエスと名付けなさい。32その
子は偉大な人になり、いと高き方の子と言われる。神である主は、彼に父ダビデの王座をくださ
る。33彼は永遠にヤコブの家を治め、その支配は終わることがない」。34マリアは天使に言った。
「どうして、そのようなことがありえましょうか。わたしは男の人を知りませんのに」。35天使は
答えた。「聖霊があなたに降り、いと高き方の力があなたを包む。だから、生まれる子は聖なる
者、神の子と呼ばれる。36あなたの親類のエリサベトも、年をとっているが、男の子を身ごもっ
ている。不妊の女と言われていたのに、もう六か月になっている。37神にできないことは何一つ
ない」。38マリアは言った。「わたしは主のはしためです。お言葉どおり、この身に成りますよう
に」。そこで、天使は去って行った。

マリア、エリサベトを訪ねる

[39]そのころ、マリアは出かけて、急いで山里に向かい、ユダの町に行った。[40]そして、ザカリ
アの家に入ってエリサベトに挨拶した。[41]マリアの挨拶をエリサベトが聞いたとき、その胎内の
子がおどった。エリサベトは聖霊に満たされて、[42]声高らかに言った。「あなたは女の中で祝福
された方です。胎内のお子さまも祝福されています。[43]わたしの主のお母さまがわたしのところ
に来てくださるとは、どういうわけでしょう。[44]あなたの挨拶のお声をわたしが耳にしたとき、
胎内の子は喜んでおどりました。[45]主がおっしゃったことは必ず実現すると信じた方は、なんと
幸いでしょう」。

マリアの賛歌

[46]そこで、マリアは言った。
[47]「わたしの魂は主をあがめ、
わたしの霊は救い主である神を喜びたたえます。
[48]身分の低い、この主のはしためにも
　目を留めてくださったからです。
今から後、いつの世の人も
　わたしを幸いな者と言うでしょう、
[49]力ある方が、

わたしに偉大なことをなさいましたから。
その御名は尊く、
50 その憐れみは代々に限りなく、
主を畏れる者に及びます。
51 主はその腕で力を振るい、
思い上がる者を打ち散らし、
52 権力ある者をその座から引き降ろし、
身分の低い者を高く上げ、
53 飢えた人を良い物で満たし、
富める者を空腹のまま追い返されます。
54 その僕イスラエルを受け入れて、
憐れみをお忘れになりません、
55 わたしたちの先祖におっしゃったとおり、
アブラハムとその子孫に対してとこしえに」。
56 マリアは、三か月ほどエリサベトのところに滞在してから、自分の家に帰った。

洗礼者ヨハネの誕生

57 さて、月が満ちて、エリサベトは男の子を産んだ。58 近所の人々や親類は、主がエリサベト

を大いに慈しまれたと聞いて喜び合った。59八日目に、その子に割礼を施すために来た人々は、
父の名を取ってザカリアと名付けようとした。60ところが、母は、「いいえ、名はヨハネとしな
ければなりません」と言った。61しかし人々は、「あなたの親類には、そういう名の付いた人は
だれもいない」と言い、62父親に、「この子に何と名を付けたいか」と手振りで尋ねた。63父親は
字を書く板を出させて、「この子の名はヨハネ」と書いたので、人々は皆驚いた。64すると、た
ちまちザカリアは口が開き、舌がほどけ、神を賛美し始めた。65近所の人々は皆恐れを感じた。
そして、このことすべてが、ユダヤの山里中で話題になった。66聞いた人々は皆これを心に留
め、「いったい、この子はどんな人になるのだろうか」と言った。この子には主の力が及んでい
たのである。

ザカリアの預言

67父ザカリアは聖霊に満たされ、こう預言した。
68「ほめたたえよ、イスラエルの神である主を。
主はその民を訪れて解放し、
69我らのために救いの角を、
僕ダビデの家から起こされた。
70昔から聖なる預言者たちの口を通して
語られたとおりに。

71 それは、我らの敵、
すべて我らを憎む者の手からの救い。
72 主は我らの先祖を憐れみ、
その聖なる契約を覚えていてくださる。
73 これは我らの父アブラハムに立てられた誓い。
こうして我らは、
74 敵の手から救われ、
恐れなく主に仕える、
75 生涯、主の御前に清く正しく。
76 幼子よ、お前はいと高き方の預言者と呼ばれる。
主に先立って行き、その道を整え、
77 主の民に罪の赦しによる救いを
知らせるからである。
78 これは我らの神の憐れみの心による。
この憐れみによって、
高い所からあけぼのの光が我らを訪れ、
79 暗闇と死の陰に座している者たちを照らし、
我らの歩みを平和の道に導く」。

[80]幼子は身も心も健やかに育ち、イスラエルの人々の前に現れるまで荒れ野にいた。

2

イエスの誕生

[1]そのころ、皇帝アウグストゥスから全領土の住民に、登録をせよとの勅令が出た。[2]こ
れは、キリニウスがシリア州の総督であったときに行われた最初の住民登録である。[3]人々
は皆、登録するためにおのおの自分の町へ旅立った。[4]ヨセフもダビデの家に属し、その血筋
であったので、ガリラヤの町ナザレから、ユダヤのベツレヘムというダビデの町へ上って行っ
た。[5]身ごもっていた、いいなずけのマリアと一緒に登録するためである。[6]ところが、彼らが
ベツレヘムにいるうちに、マリアは月が満ちて、[7]初めての子を産み、布にくるんで飼い葉桶に
寝かせた。宿屋には彼らの泊まる場所がなかったからである。

羊飼いと天使

[8]その地方で羊飼いたちが野宿をしながら、夜通し羊の群れの番をしていた。[9]すると、主の
天使が近づき、主の栄光が周りを照らしたので、彼らは非常に恐れた。[10]天使は言った。「恐れ
るな。わたしは、民全体に与えられる大きな喜びを告げる。[11]今日ダビデの町で、あなたがたの
ために救い主がお生まれになった。この方こそ主メシアである。[12]あなたがたは、布にくるまっ
て飼い葉桶の中に寝ている乳飲み子を見つけるであろう。これがあなたがたへのしるしである」。
[13]すると、突然、この天使に天の大軍が加わり、神を賛美して言った。

14「いと高きところには栄光、神にあれ、
地には平和、御心に適う人にあれ」。
15天使たちが離れて天に去ったとき、羊飼いたちは、「さあ、ベツレヘムへ行こう。主が知ら
せてくださったその出来事を見ようではないか」と話し合った。16そして急いで行って、マリア
とヨセフ、また飼い葉桶に寝かせてある乳飲み子を探し当てた。17その光景を見て、羊飼いたち
は、この幼子について天使が話してくれたことを人々に知らせた。18聞いた者は皆、羊飼いたち
の話を不思議に思った。19しかし、マリアはこれらの出来事をすべて心に納めて、思い巡らして
いた。20羊飼いたちは、見聞きしたことがすべて天使の話したとおりだったので、神をあがめ、
賛美しながら帰って行った。
21八日たって割礼の日を迎えたとき、幼子はイエスと名付けられた。これは、胎内に宿る前に
天使から示された名である。

神殿で献げられる

22さて、モーセの律法に定められた彼らの清めの期間が過ぎたとき、両親はその子を主に献げ
るため、エルサレムに連れて行った。23それは主の律法に、「初めて生まれる男子は皆、主のた
めに聖別される」と書いてあるからである。24また、主の律法に言われているとおりに、山鳩一
つがいか、家鳩の雛二羽をいけにえとして献げるためであった。
25そのとき、エルサレムにシメオンという人がいた。この人は正しい人で信仰があつく、イス

ラエルの慰められるのを待ち望み、聖霊が彼にとどまっていた。26そして、主が遣わすメシアに
会うまでは決して死なない、とのお告げを聖霊から受けていた。27シメオンが〝霊〟に導かれて
神殿の境内に入って来たとき、両親は、幼子のために律法の規定どおりにいけにえを献げようと
して、イエスを連れて来た。28シメオンは幼子を腕に抱き、神をたたえて言った。
29「主よ、今こそあなたは、お言葉どおり
この僕を安らかに去らせてくださいます。
30わたしはこの目であなたの救いを見たからです。
31これは万民のために整えてくださった救いで、
32異邦人を照らす啓示の光、
あなたの民イスラエルの誉れです」。
33父と母は、幼子についてこのように言われたことに驚いていた。34シメオンは彼らを祝福し、
母親のマリアに言った。「御覧なさい。この子は、イスラエルの多くの人を倒したり立ち上がら
せたりするためにと定められ、また、反対を受けるしるしとして定められています。35――あな
た自身も剣で心を刺し貫かれます――多くの人の心にある思いがあらわにされるためです」。
36また、アシェル族のファヌエルの娘で、アンナという女預言者がいた。非常に年をとってい
て、若いとき嫁いでから七年間夫と共に暮らしたが、37夫に死に別れ、八十四歳になっていた。
彼女は神殿を離れず、断食したり祈ったりして、夜も昼も神に仕えていたが、38そのとき、近づ
いて来て神を賛美し、エルサレムの救いを待ち望んでいる人々皆に幼子のことを話した。

ナザレに帰る

39
親子は主の律法で定められたことをみな終えたので、自分たちの町であるガリラヤのナザレ
に帰った。
40
幼子はたくましく育ち、知恵に満ち、神の恵みに包まれていた。

（三）

どうして、そんなことが？

ルカによる福音書一章二六―三八節

「ルカ」の緊迫感

十一月の初めから、ルカによる福音書をご一緒に読み始めました。私自身は、まだその世界に入り込むという段階にはなりませんが、少しずつルカによる福音書独特の雰囲気、ある種の緊迫感を感じ始めてはいます。

ルカによる福音書独特の緊迫感とは、ルカが「順序正しく書き記していく」出来事が、世界史の中で起こった出来事であることから生じます。もちろん、福音書はすべて世界史との接点をもって書かれています。しかし、ルカは特に「ユダヤの王ヘロデの時代」とか、ローマの「皇帝アウグストゥス」、次の皇帝「ティベリウス」という、時の為政者の名前を書きます。一般の歴史書に登場する有名な人々の名を書きつつ、その歴史書には決して登場しない無名の庶民を通して実現していく神様の

（三）

救済の出来事を書いていく。その救済の出来事そのものが、いつの日か、世の権力者と神様との間に決定的な対決を生じさせることを暗示しています。ルカによる福音書を読んでいると、最初からそういう対決の予感、不吉な予感がします。

クリスマスに始まる戦い

来週は、「マリアの賛歌」を読みます。そこには「主はその腕をふるい、思いあがる者を打ち散らし、権力ある者をその座から引き降ろし、身分の低い者を高く引き上げる」という過激な言葉があります。こういう過激な言葉が、神様をほめ称える賛歌に入っているのです。クリスマスの出来事は、ほのぼのとした温かさに包まれているイメージがありますけれど、私には到底そんなものとは思えません。闇の支配の中に光が突入して来ることなのですから、そこには光と闇の鋭い対決があるのです。クリスマスは、その厳しい戦いの初めを告げる出来事なのです。

今、「対決」とか「戦い」と言いました。それは、神様とこの世の権力者の間にだけ起こることではありません。普通の庶民、それも敬虔な信仰をもった人と神様との間でも起こるのです。

祭司ザカリアとエリサベトは、「二人とも神の前に正しい人で、主の掟と定めをすべて守り、非のうちどころがない」老夫婦でした。しかし、その彼らに、真っ向から対決を挑むようにして天使ガブリエルが登場するのです。天使は、彼ら夫婦の間に「準備のできた民を主のために用意する」男の子が生まれると告げます。それは、ザカリアには到底信じることができない言葉です。しかし、彼が信じようが信じまいが、天使を通して語られる言葉は、彼ら夫婦を通して実現していく。それはまさに、有無を言わせぬ形で実現していくのです。

ザカリアは、沈黙を強いられる中で、その様を見続けることになりました。妻エリサベトも五か月の間、一人ひっそりと身を隠しつつ、自分の体の中で実現していく神の言葉の力を見続けることになりました。それは彼らにとっては、古い革袋に新しい酒が入って来て、古い革袋が裂かれていく厳しく激しい体験です。何もそこまでしなくても、と思わないわけでもありません。けれど、神様が世界の歴史を転換する出来事を引き起こす時、世の権力者の全く与り知らぬ所で、密かにこういう激烈なことが起こっている。古い革袋が伸びて少し大きくなればよいという程度のことではなく、古い自分を捨て去り、新しい自分にならねばならない。そういうことが求められる。それは古い自分の死を通して起こることですから、生半可なことではありません。洗礼を受けて信仰の道に入るとはそういうことだし、その道を歩み続ける信仰者の歩みも常にそういうものでなければなりません。そうでないとすれば、酒も腐っていくのです。

再び天使が

前回は、神殿の中でザカリアと天使ガブリエルが決闘をするように対峙している姿を見て、私もその緊迫感の中に巻き込まれる経験をしました。ザカリアとエリサベトは、その決闘に負けることによって、新しい人間となり、ヨハネの親になっていくことになります。

その時から六か月目、天使ガブリエルは、ガリラヤ地方のナザレに住むマリアという乙女に遣わされました。今度は、結婚歴の長い老人ではなく、婚約をしていてもまだ夫婦生活をしていない乙女です。

（三）

前回の礼拝後、下の集会室で炊き込みごはんの皿を片手に持って、さあこれから大急ぎで食事をしようとしている時、ある方がいきなり「先生、天使って本当にいるんですか？」と聞くので、ギョッとしました。そういう質問は、普通は子どもがするものだからです。子どもは、大人の先生は知っていると思うので単純素朴に何でも聞いてきます。だから怖い。「サンタクロースって本当にいるの？」と真顔で聞かれた時も、ちょっと似たような困惑を感じますけれど、「天使って本当にいるんですか？」という質問は、普通、大人はしません。質問をされる教師が困ることが、大人には分かっているからです。その困る原因の一つは、質問している方が、天使をどのようにイメージしているのか分からないということです。その点が曖昧なまま、「いる」とか「いない」とか答えると話がますますこんがらがって来るのは目に見えています。また、この問題は立ち話で済むような話でもありません。先日は、たまたま私の隣にニコニコしながら立っていた人がいたので、「お聞きになったように、天使がいるかって質問です。あとはよろしく。○○さんなら答えられるでしょう」と言って、私はその場をすぐに立ち去りました。でも、今でも気にはなっているのです。

今日も、天使がいるかいないかについて真っ向から話すつもりはありません。が、少しだけ触れておきます。天使は、ギリシア語ではアンゲロスと言い、それが英語のエンジェルになっていきます。アンゲロスの意味は、「告知する者」です。人間が遣わす「使者」という意味でも、しばしば出てき

郵便はがき

料金受取人払郵便

銀座局
承認

8254

差出有効期間
平成30年１月
9日まで

104-8790

628

東京都中央区銀座４－５－１

教文館出版部 行

◉裏面にご住所・ご氏名等ご記入の上ご投函いただければ、キリスト教書関連書籍等のご案内をさしあげます。なお、お預かりした個人情報は共同事業者である「(財)キリスト教文書センター」と共同で管理いたします。

●今回お買い上げいただいた本の書名をご記入下さい。

書名

●この本を何でお知りになりましたか

１．新聞広告（　　　）　２．雑誌広告（　　　）　３．書　評（　　　）
４．書店で見て　　５．友人にすすめられて　　６．その他

●ご購読ありがとうございます。
本書についてのご意見、ご感想、その他をお聞かせ下さい。
図書目録ご入用の場合はご請求下さい（要　不要）

教文館発行図書 購読申込書

下記の図書の購入を申し込みます

書　　　名	定価(税込)	申込部数
		部
		部
		部
		部
		部

●ご注文はなるべく書店をご指定下さい。必要事項をご記入のうえ、ご投函下さい。
●お近くに書店のない場合は小社指定の書店へお客様を紹介するか、小社から直送いたします。
●ハガキのこの面はそのまま取次・書店様への注文書として使用させていただきます。
●DM、Eメール等でのご案内を望まれない方は、右の四角にチェックを入れて下さい。□

ご氏名　　　　歳	ご職業

(〒　　　　　)
ご住所

電　話
●書店よりの連絡のため忘れず記載して下さい。

メールアドレス
(新刊のご案内をさしあげます)

書店様へお願い　上記のお客様のご注文によるものです。
着荷次第お客様宛にご連絡下さいますようお願いします。

ご指定書店名	取次・番線	
住　所		
		(ここは小社で記入します)

ます。その場合は、白い服を着て羽が生えている必要はありません。ただの人間ですから。ルカによる福音書には、合計二五回アンゲロスが出てきます。私がざっと数えた限りでは、その内の二回が洗礼者ヨハネが派遣した使いであり、一回がイエス様の使いでした。あとは皆、「天上の天使」だったり、イエス様の墓の前で「輝く衣を着た二人の人」として現れる天使だったりします。そういう天使の登場が多いのもルカの特色の一つです。しかし、その場合も背中に羽があるとは書かれていません。

それはともかく、ルカによる福音書では、クリスマスの出来事はすべて天使によって人間たちに告げられます。その天使たちは、まさに天から「突入して来る」。もっと言えば「攻撃して来る」ように人の所にやって来ます。ザカリアもマリアも羊飼いも、皆、そういう形でヨハネやイエス様の誕生を知らされています。だから、その三回とも天使は「恐れるな」と言うのです。それは、そう言わざるを得ないほど、ザカリアやマリアや羊飼いが恐怖を感じたからです。肉眼で天使が見えたのかどうかは書かれていません。「天使が語りかけてきた」としか表現できないような形で、彼らが神様の御言を聴いた。それも鼓膜で聴いたかどうかは問題ではありません。とにかく、神の声を聴いたのです。

ダビデ

マリアは、ダビデ家のヨセフの許嫁でした。これは大事なことです。この場面は、マリアが主人公ですから私たちの目線はマリアに注がれます。説教でも、マリアの若さとか、処女性とか、そういうことに注目することが多いと思いますし、それはそれで理由のあることです。しかし、マリアがあのダビデ王の子孫の許嫁であったこともまた、大きなことなのです。それは、一章だけで「ダビデ」の名が三度も出て来ることからも分かります。

マリアが産むことになる男の子は、天使ガブリエルによれば、「神である主は、彼に父ダビデの王座をくださる」と言われます。ザカリアも、イエス様の誕生を預言する賛美の中で「主は……我らのために救いの角を、僕ダビデの家から起こされた」と言っています。そして、羊飼いに現れた天使は、「今日ダビデの町で、あなたがたのために救い主がお生まれになった。この方こそ主メシアである」と告げている。

今は、ナザレという田舎町で大工をしているヨセフです。しかし、彼の本籍地はダビデの町ベツレヘムであり、彼はそのダビデの子孫です。そのヨセフの許嫁であるマリアが、今、神様の選びに与っている。そして、世界史を全く新しくする出来事との関わりを持たされようとしているのです。それは、イエス様が祝福の源としての「アブラハムの子孫」であり、同時に真の王である「ダビデの子」として誕生するために不可欠の要素なのです。ここに、神様の確固たる選びがあり、その選びを実現していく神様の意志が明確に現れているのです。

許嫁

マリアはこの時、ほぼ間違いなく十代半ばの娘だと思います。日本でも、昔は男も女も十五〜六歳で結婚していました。六十歳も生きれば長寿の時代ですから、当然でしょう。つい最近のテレビの歴史番組で知ったことですが、武田信玄の娘の一人は、まだ七～八歳の時に戦国武将の息子と縁組をさせられたそうです。もちろん、相手も少年です。しかし、その少年は結婚前に死んでしまった。すると、信玄の娘は、その後に来る縁談をすべて断って、ついには出家してしまったそうです。その娘は、相手の少年とは会ったことがなくても、許嫁になったとは結婚したことと同じであり、他の男とは結婚しないと心にきめてしまったらしいのです。

時代も場所も違いますけれど、ヨセフとマリアの関係も、それと似ていると思います。彼らは法的には夫婦です。しかし、まだ現実に一緒に暮らしていない。夫婦の営みもしていない。そういうマリアの所に、天使が現れ「おめでとう、恵まれた方。主があなたと共におられる」と語りかけたのです。

戸惑った

マリアは、この言葉を聞いて「戸惑った」とあります。しかし、これはもっと強く訳すべき言葉だと思います。新約聖書には、ここにしか出て来ない言葉です。

ザカリアは神殿で祭司の務めを果たしている時に、天使の姿を見て「不安になった」とあります。「不安になる」は、タラスソーという言葉で、ルカによる福音書では、存在の根底が揺り動かされるような意味で使われます。復活の主イエスと出会った時、弟子たちは最初亡霊を見ているのだと思って不安になった。そういう恐ろしい場面で使われる。

しかし、マリアが「戸惑った」という場合、それはタラスソーをさらに強調するディアという言葉がついてディアタラスソーとなっているのです。ひどい胸騒ぎがするというか、不安で不安で居ても立ってもいられない、そういう感じです。

（三）

次の「考え込んだ」もまた、ちょっと考えるどころではない。頭がくらくらするような状態に叩きこまれたのです。まさにそれまでの革袋には入りきれない酒、それもこれまで全く味わったこともない種類の酒が、いきなり激流のように流れ込んでくるような衝撃が、彼女にはあったのだと思います。

天使は、そういうマリアに語りかけます。

「マリア、恐れることはない。あなたは神から恵みをいただいた」。（ルカ一・三〇）

ここまでは、まだよいでしょう。でも、この後は、恵みどころではない話が続きます。

「あなたは身ごもって男の子を産むが、その子をイエスと名付けなさい。その子は偉大な人になり、いと高き方の子と言われる。神である主は、彼に父ダビデの王座をくださる。彼は永遠にヤコブの家を治め、その支配は終わることがない」。（同一・三一—三三）

この天使の言葉は、マリアの理解の範疇を超える、あるいは許容範囲をはるかに超える言葉だと思います。

マリアの問い

今日は、この天使の言葉の内容ではなく、その後のマリアの応答に注目したいと思います。マリアは、このとてつもない規模の言葉を聞いて、こう答えました。

「どうして、そのようなことがありえましょうか。わたしは男の人を知りませんのに」。

（同一・三四）

この言葉を聞いて、皆さんはどういう印象をお持ちになるのでしょうか。「そんなことはあり得ない」とマリアは言っているのか。それとも「あり得るけれど、それはどのようにして起こるのか」と尋ねているのか？　どっちの可能性が強いとお考えでしょうか？　私はこれまでずっと、「あり得ない」と言っていると解釈してきました。でも、こうしてルカによる福音書を最初から読みかえしてみると、これまでの受け止め方とは変わって来ました。

文章は問いの形です。しかし、否定的な意味、あるいは拒絶を問いに込めることはできます。ザカリアがそうでした。彼は、自分も妻も年寄りなのだから、子どもが生まれるはずがないという確信をもって、「何によって、わたしはそれを知ることができるのでしょうか」と問うたのです。「具体的な証拠を見せろ」と言った。だから、天使から「あなたは信じなかった」と言われたのです。そして、

（三）

具体的な証拠は、彼の口が利けなくなることだったとも言えます。

マリアは老人ではなく、夫婦生活をする前の乙女です。老人とは逆の意味で、妊娠は不可能です。だから、天使の言うことを、そのまま信じ受け入れることはできないはずです。私たちが現在、礼拝で用いている新共同訳聖書の訳では、マリアもまたザカリアと同じく、「信じていない」という感じが強いと思います。以前用いていた口語訳聖書も同じです。「どうして、そのようなことがありえましょうか」は、「あり得ない」というニュアンスの方が強いと思います。

でも、原文は、「どのようにして、それは可能なのでしょうか」と訳せる言葉です。つまり、「男を知らない女から子どもが生まれるはずがないのだから、そんなことはあり得ないはずだ」とマリアは言ったと考えることもできるけれども、「男を知らない女から子どもがうまれるはずがない。でも、神様がおっしゃるのであれば、それは可能なのでしょう。しかし、それはどのようにして実現するのですか」とマリアは問いかけたのだと考えることもできる。そして、どうもそちらの方が、文脈としては正しいような気がします。

聖霊が降り

激しい戸惑いと恐れの中で、天使が告げる主の言葉をその心と体に受け入れようとしているマリアに、天使は答えます。それは、これまでの自分を投げ捨て、新しい自分になろうとしているマリアに向けての言葉だと言えます。その新しさがなければ、何も分からず、何も起こらないからです。

「聖霊があなたに降り、いと高き方の力があなたを包む。だから、生まれる子は聖なる者、神の子と呼ばれる。あなたの親類のエリサベトも、年をとっているが、男の子を身ごもっている。不妊の女と言われていたのに、もう六か月になっている。神にできないことは何一つない」。

（ルカ一・三五―三七）

どのようにして実現するのか、との問いに対して、天使は、「聖霊があなたに降り、いと高き方の力があなたを包む」ことによってと、答えます。神が送る聖霊こそ、命の創造者です。いと高き神の子主イエス・キリストの命がマリアの肉体に宿る時、そのマリア自身が、いと高き神の力である聖霊に包まれて、新しい命にされるのです。その新しいマリアの誕生抜きに、イエス様が彼女に宿るわけではありません。

そこで注意しておきたいのは、聖霊が「降る」という言葉です。これは、エペルコマイという言葉です。新約聖書に九回しか使われていないのに、ルカによる福音書とその続きの使徒言行録に七回も出てきます。ルカが、ある事態を表現するために用いる独特の言葉なのです。辞書で見ると、「獣が襲ってくる」とか、「敵が襲ってくる」という意味でも使われる言葉です。

一一章一四節以下は、イエス様が、ご自身と悪霊との戦いについて語っている箇所です。その中で、イエス様は、どれほど武装して家を守っていようと、さらに強い者が襲ってくればその家はひとたまりもないとおっしゃっています。その強い者が「襲ってくる」が、ここで「聖霊が降る」の「降る」

と言葉と同じです。

また二一章二五節以下では、イエス様が、世の終わりに起こることを告げています。

「それから、太陽と月と星に徴が現れる。地上では海がどよめき荒れ狂うので、諸国の民は、なすすべを知らず、不安に陥る。人々は、この世界に何が起こるのかとおびえ、恐ろしさのあまり気を失うだろう。天体が揺り動かされるからである。そのとき、人の子が大いなる力と栄光を帯びて雲に乗って来るのを、人々は見る」。

この中の「世界に何が起こるのかとおびえ」とある、「起こる」という言葉が「降る」と同じです。つまり、これまでの世界を滅ぼし尽くす何かがやって来ることを意味します。天体が揺り動かされるような現実が襲ってくる。その時に、「人の子が大いなる力と栄光を帯びて雲に乗って来る」のです。つまり、「聖霊が降る」の「降る」とは、強盗に襲われて家の中の物が何もかも盗まれてしまうとか、天体が崩壊してしまうとか、恐るべき事態が起こることを示している言葉です。そして、言うまでもなく、あのペンテコステの日に、かつては死を恐れて隠れていた弟子たちが、「十字架に磔にされて死んだイエス様を神様は復活させ、主、キリストとしてお立てになったのだ」と説教を始めたのは、彼らに「聖霊が降る」ことによってです。聖霊が降って来ることによって、彼らの古い革袋がズタズタに引き裂かれてしまい、それによって彼らは新しい革袋とされ、その彼らの中にイエス・キリストが宿り、イエス・キリストが彼らを通して説教をしてくださったということでしょう。パウロは、その事態を「わたしは、キリストと共に十字架につけられています。生きているのは、もはやわたしではありません。キリストがわたしの内に生きておられるのです」と言うのです。

主の言こそ

天使は、このような事態が起こった時、マリアの体に「聖なる者」「神の子と呼ばれる」お方が宿ると言います。そして、エリサベトの事例を知らせた上で、「神にできないことは何一つない」と言う。

ここで「こと」と訳された言葉は、ギリシア語ではレーマですが、マリアの応答の中に出て来る「お言葉どおり、この身になりますように」の「お言葉」と同じです。だから、私は天使の言葉も「神からのすべての言葉は実現不可能なものではない」と訳した方がよいように思います。この後、エリサベトもマリアに向かって、「主がおっしゃったことは必ず実現すると信じた方は、なんと幸いでしょう」と言っていることからも、ここは主の「言」が大事だと思います。

到底人間が信じることができない言葉があります。しかし、その言葉を信じさせる聖霊の到来があるのです。聖霊が降る時、その聖霊に覆われる時、人は主の言は必ず実現することを信じるようになる。そして、我が身をその御業のために捧げるようになるのです。

（三）

マリアと私たち

　もちろん、マリアに起こったことはマリアに起こったことであり、さらに言えば、彼女にだけ起こったことです。到底、一般化して語れることではありません。歴史上、彼女と同じ経験をした人は一人もいないのです。そのことは、きちんと踏まえておかねばならない。でも、ルカは、ただそういう出来事としてこの場面を書いたのかと言えば、そんなことはないと思います。

　キリスト者とは、先ほどのパウロの言葉で言えば、「わたしは、キリストと共に十字架につけられています。生きているのは、もはやわたしではありません。キリストがわたしの内に生きておられるのです」と告白する者たちなのです。しかし、私たち自身がよく知っていることですが、古い自分が活き活きと生きており、自己顕示欲、自己満足だけを追い求めている自称牧師とか、自称クリスチャンは山ほどいます。新しい酒の入れ方が少ないが故に古い革袋がそのまま生き残っていたり、入れた酒が水で薄められたもので発酵せず、そのまま腐っていたりするからです。

　しかし、本当に活ける神の言が聖霊によって私たちに入ってこようとする時、それはまさに圧倒的に強い獣に襲いかかられるような事態なのです。その襲撃を受けて、完膚なきまでにやられてしまう。存在の根底から揺り動かされ、もはやこれまで立っていた所には立っていられない。この世ではなく、この世を破壊して突入してきた神の国の中に立たざるを得ない。そういう事態を招来するのです。

　その国の王はダビデの子であり、同時にいと高き方の子です。その支配は、永遠に終わることがありません。その神の国に生きるためには、この方をキリスト、王として受け入れなければならない。それは、この世の支配者、権力者とは時に厳しく対峙することになります。同時に、自らを王とする自分とは絶えず対決することになります。自己顕示によって自己満足だけを追い求める自分を捨ててイエス様をキリスト、わが主、わが王として受け入れ、従うことだからです。これこそ本当に厳しい戦いです。

イエス・キリストは、天の高みから地の低みにまで降り給い、ついにはあの十字架の死に至るまで神様の御心に従順に従ったお方です。十字架の死と復活を通して罪と死との戦いに勝利された方です。そのお方を、わが主、わが王として受け入れ、従う。つまり、マリアのように、「わたしは主の僕です。お言葉どおり、この身に成りますように」と献身する。主の喜び、主の満足だけを求めて生きる。それが、新鮮な酒を存分に受け入れ、その酒が内部で発酵し、それまでの古い革袋が破れ、神様によって新しい革袋が与えられたキリスト者です。そのキリスト者という革袋の中で生きておられるのは、いつも活き活きと語り、救いの御業をなし続けておられるイエス・キリストです。

イエス・キリストの誕生　キリスト者の誕生

クリスマスの出来事は、イエス・キリストが地上に肉をもって誕生する出来事です。そしてそれは、神様ご自身のそれまでのあり方を破壊することです。殻を破って、私たち罪人の救いのために、御子が人として生まれてくださった出来事です。

しかしそれは、同時に、そのイエス・キリストを心と体の中に迎え入れるキリスト者が誕生した最初の出来事でもあるのです。それは、ほのぼのとした温かさに包まれた出来事ではありません。激しい霊の襲撃によって完膚なきまでに打ちのめされ、降伏し、主に自分を明け渡すという壮絶な出来事です。

（三）

今年も、この季節に信仰告白式や洗礼式に臨もうとする人々が立てられ、来週、試問会をすることになっています。それはその方たちにとって本当に幸いなことです。しかし、それは大変なことです。今はまさに戸惑い、考え込む時を過ごしておられるでしょう。そういう時期を過ごさねばなりません。しかし、必ず聖霊が降り、そして包み込み、それまでの古い命が死に、新しくされる日が来ます。その日に、全く新たに「おめでとう、恵まれた方。主があなたと共におられる」という御言を聴くことができます。そして、「神様は、どんな罪人をも、主イエスの十字架の死と復活を通して赦し給い、死の後の復活の命を創造し、世の終わりには神の国を完成され、私たちキリスト者を招き入れてくださる」という聖書の御言は、すべて実現すると信じることができるようになります。聖霊が、その信仰を与えてくださいますから。

既に信仰を与えられ、その恵みの中を生きている私たちキリスト者もまた、毎週ごとの礼拝を通して、その聖霊によって信仰を新たにされ、「わたしは主の僕です。お言葉どおり、この身に成りますように」と献身したいと思います。

聖なる父なる神様

アドヴェントに入りました。あなたの御子主イエス・キリストが、あなたの許から天使の姿ではなくて、人間となって私どものただ中に来たり給うた、その出来事を深く覚える時を迎えております。あなたがそれまでのあなたではなくなり、人の姿をとって私どもを何とかして救わんとしてくださいます。その愛の熱情を覚えます。御自身の独り子をさえ惜しまずに与え給う愛を受けて、どうして私たちがそれまでの自分でいられるでしょうか。自分自身を破滅させても、私どもをその破滅から解放し救わんとするその愛を、信じ、受け入れ、そして服従と賛美をもって応えていくことができるように聖霊を与えてください。そして世の光として暗闇に輝く光である主イエス・キリストを証しする者として、これからの一週間の歩みに派遣してください。主イエス・キリストの御名によって祈ります。アーメン。

（二〇一〇年十一月二十八日）

必ず実現する主の言

ルカによる福音書一章三九―五六節

師走

先週は、マリアに対する受胎告知の場面を読みました。天使の言葉一つ一つの意味は吟味せず、マリアの反応の方に注目しました。今、私たちはクリスマスに向けて歩んでいます。今年はクリスマス礼拝が十九日ですし、婦人会のクリスマスは今週です。教会でも青山学院でも今週と来週、それぞれクリスマスに関する説教をさせていただきますし、講義でもクリスマスとは何かについて語っていますから、私は、ルカによる福音書やマタイによる福音書を読んでは考え、いくつもの説教原稿を書く日々を送っています。

また、クリスマスは訪問の季節です。時間を作って可能な限りお見舞いや訪問をしたいと願っています。「師走」とは、坊さんが多くの檀家の家でお経を読むために走り回ることを表すと言われます。私も、まさにあちこちで聖書を読み、語る日々を過ごしています。行きも帰りも急いでいます。やるべきことが山ほどあるからです。しかし、それは「気ぜわしい」ということではありません。喜びです。聖書は、独りで読んでも様々なことを感じます。悲喜こもごもの出来事が自分の中で起こります。それはそれで大事なことです。しかし、私の場合、独りで聖書を読むことも含めて、人と共に聖書を読むためにやっているという面があります。そして、聖書を共に読むことがどれほど嬉しいことかを、様々な時に感じます。

聖書を共に読む

私の訪問は、それがご自宅であれ病院であれ、聖書を共に読み、祈るためのものです。そして、私は若い時から高齢の方たちと聖書を読み祈ることが好きです。その多くの方は、長年信仰を生きてきた方です。しかし、高齢になってから信仰の道に入った方もいる。予めこのことを語ろうと思って訪ねするわけではなく、聖書の何処を読むかも決めていないことが多い。しばらくお話をしていると、聖書の言葉が鮮明に心に浮かんできて、それを読み、そして語る。その時、聖書の言葉はまさに今ここで語る神様の言として私の中から出てきます。その言葉を私も聞いている。そして、目の前の信徒の方と共に、この言葉は私たちの身において実現していることを確認して感謝が溢れて来たり、これから必ず実現する言葉として信じることができたりする。そういう瞬間の喜びは、他のものに代え難い喜びです。そういう喜びを味わいに、また神様に感謝と賛美を捧げるために走り回るのですから、それは喜ばしいことです。

（三）

急ぐマリア

「神にできないことは何一つない」（神の言で不可能なことはない）と天使の言葉を聞いて、「わたしは主のはしためです。お言葉どおり、この身に成りますように」と信仰の告白をしたマリアは、親戚のエリサベトがいるユダの山里に向かいました。それも「急いで」です。ガリラヤのナザレからユダの山里までは、徒歩で四日かかります。その道を、まだ十代半ばのマリアは「急いだ」。その心の中にあった思いは何でしょうか？

高齢のエリサベトが身ごもって既に六か月となっているという天使の言葉が、本当かどうかを一日も早く確かめたかったのだろうか？　私は違うと思います。マリアは、エリサベトが妊娠六か月になっていることを天使から聞いた時に、エリサベトもまた主の言に自分の身を捧げたのだと確信したと思います。そして、マリアは、この時、まだ自分の身に起こったことを誰にも告げていないでしょう。告げたって信じてもらえないことは火を見るよりも明らかだからです。親に、「今日、私に天使が現れました。そして、私は聖霊によって妊娠するそうです」と言ったとしたら、親は、「ほう、それはめでたい」と言うでしょうか？　「冗談もほどほどにしろ。お前、何を言っているのか分かっているのか？　姦淫の罪を隠すために、天使まで持ち出すとは、なんて娘だ」と言われて当然なのではないでしょうか。マリアは法的には結婚しており、ヨセフとの交わり以外の妊娠は姦淫の結果とならざるを得ません。夫が訴えれば、それは死刑です。だから、彼女はヨセフにも何も言っていないでしょう。誰にも何も言わずに、家を飛び出すようにして、エリサベトに会いに、危険な旅に出たのです。

彼女は、どうしてもエリサベトに会いに行きたかったのです。エリサベトもまた、最初、自分の身に起こったことの意味が分からず、「五か月の間身を隠した」女性です。しかし、そういう恐るべき経験を通して、「主の言は必ず実現する」ことをその体で知らされた女性です。この時のマリアは、そのエリサベトにどうしても会いたいのです。そして、主の言を聴いて受け入れる、信じる信仰を共にしたいのです。「主の言は必ず実現する」ことを信じる信仰を、顔を見つつ互いに確認できることは、本当に大きな喜びだからです。その喜びは、自ずと主への賛美となって現れます。マリアは、その喜びと賛美に向かって、ユダの山里に向かって急ぎ、その坂道を登っているのだと思います。

エインカレム

私は、今年の六月に十数年ぶりにイスラエルを旅することができました。私にとっては三度目のことですが、今回も楽しみにしていた一つのことは、エリサベトとマリアが会ったと言われる山里、エインカレムに行くことでした。そこは、私たち日本人にとっては何の変哲もない場所です。しかし、エルサレムの東側とは別世界なのです。東側は死海の方です。そこに広がる光景は、うす茶色の砂と石が転がる荒涼たる大地です。しかし、地中海側である西側は、木々が生い茂り、何種類もの鳥が競うようにさえずっている。そういう場所です。日本には、いくらでもある所です。しかし、イスラエ

（三）

ルに行くと、そういう場所が命を潤す泉のように感じるのです。エインカレムという名前そのものが「泉の里」を意味します。そのエインカレムの丘の上に、「マリアの訪問教会」と呼ばれる教会が建っています。門を入ってすぐの庭の壁一面に、各国の原語で記された「マリアの賛歌」が刻まれたプレートが一枚ずつ飾ってあります。もちろん、日本語のものもありました。そこに行く前に、私たち一行は「ナチス迫害記念館」で凄惨な現実を見てきたこともあって、木々の緑の中を鳥のさえずりを聞きつつ坂道を登り、清楚な礼拝堂に辿りついた時には、まさに心が潤いました。

皆さんも、この中渋谷教会で礼拝を捧げるために坂道を登って来られました。駅前の人混みをかき分け、歩道橋を渡り、そして桜丘の坂道を一所懸命に登って来られた。それは、何のためでしょうか？　それは兄弟姉妹と共に御言を聴き、賛美するためでしょう。同じ信仰をもっている兄弟姉妹と御言と賛美を分かち合うためだと思います。そんなことは、この世の中の通常の生活では決してできないことです。ここでしかできない。週に一回、この丘の上の礼拝堂で、主の言を聴き、その言葉は私たちにおいて実現していることを感謝し、またこれから実現することを信じ、信仰を同じくする者たちと主を賛美する。その喜びを分かち合うために、日曜日の朝あるいは夕に、はるばるこの礼拝堂に来られるのではないでしょうか。そして、互いの顔を見ながら、「主がおっしゃったことは必ず実現すると信じることができた私たちは、なんと幸いでしょう」と心の中で喜び、主を賛美する。それが私たちにとっての礼拝です。そういう意味で、この礼拝堂は私たちにとってのエインカレムなのです。私は、この礼拝堂の中で、皆さんと一緒に御言を聴き、共に賛美するその喜びのために生きていると思います。

賛美

四六節以下は「マリアの賛歌」と呼ばれる箇所です。ルカによる福音書の冒頭部分は、賛美に満ちています。マリアの賛歌（マグニフィカート、「あがめる、大きくする」の意）があり、六七節からはザカリアの賛歌（ベネディクトス、「ほめたたえよ」の意）があります。また羊飼いに天使がイエス様誕生を告げた後の「いと高きところには栄光、神にあれ、地には平和、御心に適う人にあれ」も頌栄としての賛美です。さらに、シメオンの賛美が続きます。主イエスの誕生を告げる記事はすべて賛美で包まれるのです。そして、ルカによる福音書の説教の一回目に語りましたように、この福音書は、主イエスが天に昇っていく様を弟子たちが見た後の神殿における賛美の場面で終わります。最初と最後が賛美なのです。そのことを踏まえた上で、「マリアの賛歌」の声に耳を傾け、そして最後は共に賛美したいと願います。

演奏　説教

先日、新聞の人物紹介のコーナーに、滅多に一位を出さないことで有名なピアノコンクールで、日本人として最初に一位を獲得した若い女性が紹介されていました。彼女は天才肌とよく言われるようなのですけれど、「自分が弾いている」という感覚が嫌いなのだそうです。また、「ここを聴いてちょうだい」と訴えるような弾き方も嫌いで、何よりも「聴衆と一緒に音楽に耳を傾けたい」と言っていました。そういう演奏がよい演奏だということでしょう。

（三）

私は何かにつけ説教に引き付けて考えてしまうのですが、何が良い説教かと言えば、それは神様の言が聞こえて来る説教がよい説教なのです。説教者が何を言おうが、どういう論理を展開し、どういう解釈をしようが、神ご自身が語りかけて来ていることが分かり、悔い改め、信仰、賛美が湧き起こってくれれば、それは良い説教です。しかし、それは音楽同様に、聴き手にもよります。そして、説教に良し悪しがあるように、聴き方にも良し悪しがあります。良い耳をもっている人は、良くも悪くも説教の良し悪しが分かるし、良い説教を聴いた後は、悔い改めと信仰と賛美を捧げるものです。

良い説教者は、説教をしつつ聴き手と共に聖書の語りかけを聴く説教者です。説教者は何よりも良い聴き手でなければなりません。福音書はいずれも壮大な交響曲のようなものだとすれば、楽譜である聖書を読みこみ、曲全体の構造を摑み、細部の音色や、一つの音の意味を深く探求して、それを美しい音として響かせていく。そこに、自分という存在が介在し、自分なりの解釈があるとしても、その説教は自分が語っているのではないし、もはや、自分のものではありません。自分が聴いた御言でなければならないと思います。そして、聴き手は「牧師の説教」ではなく、御言を聴きとり、悔い改めと賛美を捧げていく。そこに礼拝が生じるのだと思います。

何でこんなことを長々と語るのかと言うと、マリアの賛歌の歌い出しと、今言ったこととは深い関係があるからです。

彼女は、こう言って賛歌を始めます。

「わたしの魂は主をあがめ、
　わたしの霊は救い主である神を喜びたたえます」。

（ルカ一・四七）

彼女は「わたしの魂」と言います。「魂」はプシュケーという言葉で、息をすることから来ている言葉で、生命力、生命、生き物、心、魂と様々な訳語があてられる言葉です。ここでは人間の心の奥底を表す意味で「魂」でよいかと思いますが、彼女は、「わたしは主をあがめ」とは言わないで、「わたしの魂は主をあがめ」と言うのです。

その後に出てくる言葉の背後には旧約聖書の言葉がたくさんあります。彼女は、そういう聖書の伝統の中で主を賛美しています。旧約聖書に出て来る主の言の一つ一つが、今まさに実現しようとしている。その現実が、彼女の体の奥深くの魂において感得されたのです。その時、彼女の魂が揺さぶられた。そして、その魂から出て来る言葉を彼女の口が発しているのです。だから、彼女も聞いている。彼女が賛美しているのではなく、彼女の魂が賛美している。

その時、彼女は神の前にどんどん小さくなっていき、見えない存在になっていく。マリアの口を通して、神ご自身が語っているからです。

（三）

先ほどのピアニストが目指しているのも、そのことでしょう。ピアニストの技術だとか創意工夫だとか、努力の成果だとか、才能だとか、そんなことは目に入らないで、ただ音楽が自分の手の先から響き出てきて、聴衆と共にその音に耳を傾け、その音の世界に浸りたい。そこに自分の姿など見える必要がない。彼女は、そういうことを言っているのだと思います。そして、説教者もそのことをだけを目指しているし、聴衆もそうでしょう。見た目では、ピアニストの演奏を聴いているのかもしれないけれど、実は奏者も聴衆も音楽を聴いているはずだし、そうでなければおかしい。礼拝においては、牧師の説教を聴いているのだけれど、実は説教者も聴衆も御言を聴いているはずだし、そうでなければおかしいのです。そのことを妨げる演奏や説教は、良くない演奏であり説教です。「自分の」演奏、「自分の」説教を聞かせようとする所に、大きな間違いがあると思います。

あがめる

マリアの賛歌、それは耳を澄まし、目を澄ませて見ていけば、神の言が聞こえ、神の憐れみが見えて来る賛歌です。「あがめる」メガルノーは英語ではマグニファイで「大きくする」という意味です。ラテン語ではマグニフィカートなので、この賛歌自体がしばしば「マグニフィカート」と呼ばれます。マリアは神を大きくしているのです。でも、神様は人間が大きくしたり小さくしたりできるお方なのでしょうか？　そんなことはあり得ません。神様の大きさは、人間の態度で変化するものではない。でも、人間の態度やあり様は、大きくもなれば小さくもなります。そして、その人間にとって、神様が大きくなったり小さくなったりすることはあります。

牧師であった父がしばしば言っていたことの一つを、私はこの箇所を読むと思い出します。それは、神様と自分の関係を分数で考えると分かりやすいというものです。分母が自分、分子が神です。分子である神は一であることに変わりはない。分母の自分が十であれば、数は十分の一になります。しかし、半分の大きさの五になれば数は五分の一となり倍の大きさになります。分母が一になれば十倍です。分母が〇・五になれば最初の数の二十倍になり、結果として神様がどんどん大きくなるのです。自分が小さくなればなるほど、神様は大きくなるのです。そのことによって、小さな自分の魂の奥底から、ほとばしる様に神の言が出て来る。マリアは、その言を自ら聞きながら、神を賛美している。この時のマリアに起こっていることは、そういうことだと思います。

憐れみ

今日は、この賛歌の中で特に二度出て来る「憐れみ」と「お忘れになりません」に注目したいと思います。

「その憐れみは代々に限りなく、
主を畏れる者に及びます。
（中略）

その僕イスラエルを受け入れて、
憐れみをお忘れになりません、
わたしたちの先祖におっしゃったとおり、
アブラハムとその子孫に対してとこしえに」。

（ルカ一・五〇―五五）

（三）

五一節から五三節で語られていることは、社会における上下関係、貧富の格差をひっくり返すという革命で歌われるような歌です。ルカによる福音書には、こういう言葉がこれからいくつも出てきますし、その意味を正しく受け止めることは、そう簡単なことではないでしょう。

しかし、それは今後の課題として、「憐れみ」はエレオスという言葉です。ルカによる福音書全体で六回使われており、マリアの賛歌とザカリアの賛歌にそれぞれ二回出てきます。旧約聖書では、ヘセドというヘブライ語です。それは、契約に基づく神様の愛、真実の愛を表す言葉としてしばしば使われます。分かりやすく言えば、「約束を守る愛」です。ですから、ザカリアの賛歌では、「主は我らの先祖を憐れみ、その聖なる契約を覚えていてくださる」とあります。「覚えていてくださる」はマリアの賛歌の方では「憐れみをお忘れになりません」と訳されています。神様の真実な愛とは、アブラハムの子孫であるイスラエルとの契約を決して忘れない、とこしえに忘れないということです。

それに対して、私たちの愛は忘れる愛です。私たち人間は、約束を忘れます。つまり、破るのです。契約を破る。結婚の約束も、信仰告白の約束も破る。あなただけを愛します、あなたを信じます、あなたに従います、と公に告白し、誓ったのに、その約束などどこ吹く風のように振舞ってしまうことが幾らでもある。愛したはずの人を捨てたり、捨てられたり、信仰を捨てたりする。それが、私たちの愛です。それは到底賛美すべきことではありませんし、そのような愛しか持ち得ない人間も賛美の対象にはなり得ません。

マリアにしろ、ザカリアにしろ、ここで何を賛美しているのかと言えば、それは主の真実な愛です。人間にはない愛です。この愛がなければ人間は救われないのです。

罪の赦しを与える憐れみ

何故なら、この愛は、罪を赦してくださる愛だからです。ザカリアは、「ほめたたえよ」（ベネディクトス）で始まる賛歌の後半で、エリサベトが産んだヨハネに向かって、こう言います。

「幼子よ、お前はいと高き方の預言者と呼ばれる。
主に先立って行き、その道を整え、
主の民に罪の赦しによる救いを
　知らせるからである。
これは我らの神の憐れみの心による。
この憐れみによって、
　高い所からあけぼのの光が我らを訪れ、

（三）

暗闇と死の陰に座している者たちを照らし、
我らの歩みを平和の道に導く」。

（ルカ一・七六―七九）

主イエスによってもたらされる救いとは、「罪の赦しによる救い」なのです。そして、その救いを与えるのは、神様の憐れみの心です。この「憐れみ」によって、暗闇と死の陰に座している者たちに、あけぼのの光が射して来るのです。それは、罪を犯して自ら滅びに落ちていく者たちを、それでもアブラハムに立てた誓いの故に決して見捨てず、忘れず、「祝福する」という契約を覚え続けてくださるということです。その愛を「憐れみ」と言うのです。それは放っておけば死ぬしかない人間を何とかして救おうとする愛であり、その救いのためには自身の犠牲を厭わない愛にならざるを得ません。憐れみの愛で愛する相手は、滅ぶべき罪人なのですから。

「憐れみ」という言葉は、一章以外ではよきサマリア人のたとえ話に出て来るだけです。強盗に襲われて倒れている者、放っておけば死ぬしかない者を、大変な犠牲を払って助けたあのサマリア人の行為に対して「憐れみ」という言葉が原語では使われています。そして、あのサマリア人は、主イエスご自身の比喩でしょう。

覚えている　忘れない

それでは、「忘れない」「覚えている」と訳されるミムネースコーという言葉はどこで使われているのかと言いますと、マリアの賛歌とザカリアの賛歌以外では一六章のたとえ話に一回と十字架、復活の場面に出て来るだけです。そして、その事実はやはり示唆深いと思います。ルカによる福音書の十字架の場面は、マルコによる福音書とマタイによる福音書が似ているのに対して、全く独特のものです。ルカでは、犯罪者の一人がイエス様を罵り、もう一人がたしなめたという記事があります。

「お前は神をも恐れないのか、同じ刑罰を受けているのに。我々は、自分のやったことの報いを受けているのだから、当然だ。しかし、この方は何も悪いことをしていない」。そして、「イエスよ、あなたの御国においでになるときには、わたしを思い出してください」と言った。

（ルカ二三・四〇―四二）

彼は、罪に対する裁きを受けて死ぬのです。それを当然のこととして受け止めている。それはその罪を犯したことを悔い、悲しんでいるということです。しかし、今目の前に、死に値する罪など何も犯していないお方が、自分と同じ刑罰を受けているのを見ているのです。そして、そのお方が、「父よ、彼らをお赦しください。自分が何をしているのか知らないのです」と祈っておられるのです。これを「憐れみ」と言うのです。その憐れみそのものである主イエスの姿に間近に接して、彼は人間によって与えられた死の裁きの後に、「罪の赦しによる救い」を与えてくださるように乞い求めた。それが、「あなたの御国においでになるときには、わたしを思い出してください」という言葉の意味です。「私のことを忘れないでください。この罪人を。捨てられて当然のこの者を。しかし、どうぞ憐れんでください、罪を赦してください」。彼は、そう叫んだ。祈ったのです。

主イエスは、彼に言われました。

「はっきり言っておくが、あなたは今日わたしと一緒に楽園にいる」。（同二三・四三）

あのどうしようもない罪人であったザアカイが、主イエスの愛に触れて悔い改めた時、主イエスは「今日、救いがこの家を訪れた。この人もアブラハムの子なのだから。人の子は、失われたものを捜して救うために来たのである」とおっしゃいました。まさに、主イエスは「アブラハムとその子孫に対する憐れみ」を忘れることなく、とこしえに覚えてくださっているのです。そして、罪の赦しによる救いを与えるために、罪なきご自身の身をあの十字架の上に捧げてくださったのです。死すべき罪を犯した者だけが磔にされる、汚れた、忌まわしい、あの十字架に、です。

思い出しなさい

私たちは、その事実を忘れてはなりません。いつも覚えていなければならない。主イエスにおいて現れた神様の憐れみの故に救われたことを、そして今も救いへと導かれていることを。そのことが、神様が主イエスを通して与えてくださっている御救いの中に生きるために、必須のことなのです。

ルカによる福音書において、この「覚えている」、「忘れない」という言葉の主語は、一六章のたとえ話の用例を別とすれば、これまでは神様です。神様が、アブラハムに立てた契約を忘れない、アブラハムの子孫であるイスラエルに対する憐れみを忘れない。主を畏れる者への憐れみは世々限りないという形で出てきます。この神様の憐れみ、真実の愛、それが私たち罪人に対する救いの根拠です。しかし、その御救いを現実に受け止めて生きるためには、与えられている憐れみを私たち自身が忘れないで覚えておくことが不可欠です。私たちを決して忘れないでいてくださる神の憐れみを、私たちが忘れてしまえば、何の意味もなくなってしまうのです。

先ほど、ミムネースコーは十字架と復活の場面に出て来ると言いました。残ったのは、復活の場面です。

安息日が明けた翌日の日曜日の朝、ガリラヤから主イエスに従って来た婦人たちが、主イエスの遺体に香料を塗ろうとして墓に行ってみると、墓の蓋は転がしてあり、中に入っても、主イエスの遺体はありませんでした。すると、輝く衣を着た二人の人が現れ、恐れて地に顔を伏せる女たちにこう言ったとあります。

「なぜ、生きておられる方を死者の中に捜すのか。あの方は、ここにはおられない。復活なさったのだ。まだガリラヤにおられたころ、お話しになったことを思い出しなさい。人の子は必ず、罪人の手に渡され、十字架につけられ、三日目に復活することになっている、と言われたではないか」。そこで、婦人たちはイエスの言葉を思い出した。（ルカ二四・五―八）

（三）

「思い出しなさい」が、ミムネースコーです。覚えておきなさい、忘れてはならない。「人の子は必ず、罪人の手に渡され、十字架につけられ、三日目に復活することになっている」と、主イエスがおっしゃっていた。その事実を忘れてはならない。「今こそ、主イエスはそのお言葉どおり、すべての人間に、罪の赦しによる救いを与えるための十字架の死から甦られたのだ。主の言葉は必ず実現する。その事実、その真実の愛、その憐れみを決して忘れてはいけない。主は、あなたたちを愛し、罪の赦しのためにご自身を犠牲として捧げ、そして今、あなたたちと共に生きてくださっている。その事実を忘れてはならない。主は片時もあなたたちを忘れることなどないのだ。だから、あなたがたも忘れてはならない。その憐れみを」。

天使は、そう告げているのです。そして、女たちは、主イエスの言葉を「思い出した」のです。だから、彼女らこそが、最初に救われた人たちです。

信じる者の幸い

マリア、彼女はエリサベトから「主がおっしゃったことは必ず実現すると信じた方は、なんと幸いでしょう」と言われた女性です。そして、その後、彼女の魂から溢れ出てきた言葉のほとんどが旧約聖書の言葉です。主が語られた言です。その言が、今こそ我が身において実現し、これからもアブラハムの子孫において実現し続けることを確信して、彼女の魂から賛美が湧きでているのです。

そして、私たちもまた、主の憐れみの故に信仰を与えられたアブラハムの子孫です。私たちは、その信仰の故に今日も丘の上の教会に集まっています。主の言は必ず実現することを信じ、その憐れみ、その真実な愛の中に生かされていることを喜び、感謝し、賛美するために集まっています。私たちのこの世における現実は、しばしば疑い迷いのただ中に突き落とされるというものです。しかし、こうして、主の憐れみの中で礼拝に集まり、主の言を共々に聴く時に、私たちの信仰を新たにされ、「主の言葉は必ず実現すると信じることができた私たちはなんと幸いなことでしょう」と、喜びと賛美を分かち合うことができるようになるのです。

今日も、主イエスが私たちの真ん中に立って、「これは私の体である」「これはあなたがたのために流された血である」と言って、その真実の愛、憐れみの徴であるパンとぶどう酒を私たちに分け与えてくださいます。私たちが、その愛を決して忘れぬために、その愛を体の中に入れて生きることができるように、です。悔い改めと信仰と賛美をもって与ることができますように。そして、与えられた幸いを心から感謝し、新たに主を喜び称える歩みを始めたいと願います。

聖なる御父

御名を崇め、感謝をいたします。あなたの憐れみの故に、この罪深き私どもは今日も、この「泉の里」と言うべき礼拝堂に集められて、命の泉から命の水を注がれ、命の言を与えられて、生きることを許されました。このことはただ、あなたの憐れみの故であります。私どもは信仰をもって立派にこの一週間を生きてきたから、こうして礼拝できるのではありません。あなたが御子主イエス・キリストのゆえに私どもの罪を赦し、救ってくださったから、また今日もその救いを、その事実を、御言と

（三）

して、また聖餐を通して私どもにはっきり告げると望んでくださったから、私たちはこうして礼拝堂に集まり、あなたを礼拝できます。そして今あなたを、その「言」を、信じます。それは事実として実現していく言だからです。その信仰を与えられた私たちは、あなたの家族として、互いを兄弟姉妹として、互いにその信仰を確認し、与えられたその信仰をもって互いに喜び、あなたを賛美できますことを感謝します。

どうぞその信仰、賛美をもって、この世における歩みに派遣をしてください。少しでも、あなたの憐れみのしるしであります、御子主イエス・キリストをこの身をもって証しする歩みをさせてください。主イエス・キリストの御名によって祈ります。アーメン。

（二〇一〇年十二月五日）

あけぼのの光の到来

ルカによる福音書一章五七―八〇節

出産　命名

天使ガブリエルが神殿の中で祭司ザカリアに告知したとおり、高齢の妻エリサベトは妊娠し、そして月満ちて男の子を産みました。子どもの誕生は、親にとっての喜びに留まりません。親類縁者や近所の人々にとっても喜びです。現代の、特に都会生活をしていると、そういう感覚は薄れてしまいましたが、昔の日本の村落では子どもの出産、それも長男の出産は、親類縁者はもちろん近所の者たちも集めた盛大な祝いをしたものです。

子どもが生まれれば、名前をつけなければなりません。かつては、親の名の一文字を取ってつけるということがしばしばありました。もちろん、生まれる子どもが多かったので一郎、二郎、三郎とか分かりやすい命名もありました。ザカリアは代々祭司の家系でしたし、エリサベトも祭司アロンの家系の女性であり、由緒は正しいのです。そういう家系の場合、親とか叔父さんとか、近親者の名前をつけることが多かったようです。欧米人の中には、親の名前にジュニアをくっつけることもあります。

(三)

ここでも、集まった人々は当然そういう成り行きになると思っていた。

しかし、エリサベトは、夫のザカリアから神殿の中で起こったことを聞いていたでしょう。つまり、彼が香を焚く務めをしている最中に突然天使ガブリエルが現れて、神様に特別な使命を与えられた男の子がエリサベトの身に宿ること。そして、その子の名はヨハネとしなければならないこと。その天使の言葉を信じることができなかったが故に、彼はその時から口が利けなくなったこと。そのことを、エリサベトは夫から筆談で既に聞いていたでしょう。そして、彼女自身、高齢の自分の身に子どもが宿った時に、驚きと恐れの中に五か月も身を隠したのです。その時から、お腹の子は「自分の子」であるというよりも、神様から重大な使命を与えられた特別な子であることを充分自覚していたに違いありません。その彼女にしてみれば、子どもの名前はガブリエルがザカリアに告げたとおり、「ヨハネ」(主は慈しみ深い)以外ではあり得ません。だから、そう主張する。しかし、親戚は引きさがらず、口が利けないザカリアに尋ねるのです。すると彼は、板に「この子の名はヨハネ」と書いたのです。一同は「驚き」に満たされました。その途端、ザカリアの「口が開き、舌がほどけ、神を賛美し始めた」とあります。その賛美が、六七節以降に「預言」として記されているのです。

恐れ

しかし、その賛美を聞いて、「近所の人々は皆恐れを感じた」のです。この老夫婦に子どもが生まれたことに対する喜びと祝いの雰囲気は、ザカリアの口が十か月ぶりに開いた途端、一変した。歓喜から恐れへと変わった。それは、どうしてなのか？

ザカリアの預言は「ほめたたえよ」に始まる賛美です。しかし、それは「イスラエルの神である主」に対する賛美であり、同時にその主からいただいた言葉を語る預言でした。

ザカリアにとって、天使が告げたとおりにヨハネが誕生した事実と、「この子の名はヨハネ」と書いた途端に自分の口が開けたという事実は、今まさにこの場に主が現臨し、その御業をなさっている徴に他なりません。ガブリエルはあの時、「時が来れば実現するわたしの言葉を信じなかったからである」とザカリアに言いました。そして、今ザカリアは、主の言は時が来れば必ず実現するという事実を知り、その主の現臨に打たれたのです。その彼の中から、ほとばしるように賛美の言葉が出てきている。マリアの魂から、あの賛美が溢れ出てきたように。

彼の言葉は、長男が生まれた父親の喜びの言葉ではありません。その語る言葉は必ず実現する、神の言です。その言を直に聞き、神ご自身がこの場に現臨していることを知らされた時、誕生祝いに駆けつけた近所の人々が、「恐れ」を感じたのは当然です。この「恐れ」のない所に、神様への礼拝は成立しません。主の言を聴くとは、罪人にとっては峻厳な恐れを呼び起こすことなのであり、その恐れなく聞くならば、それは人間の言葉を聞いたにすぎません。主の言を聴くことは、存在を突き動かされることだし、突き破られることでもあるのですから、恐ろしいことなのです。ザカリアもマリアも、その恐れに捉えられることを経て、そして、それまでの自分が破壊され、新しい存在に造り替えられた後に賛美の声を上げたのです。そのこと自体が恐ろしいことでもあります。

（三）

ダビデ

このザカリアの賛美は、「マリアの賛歌」同様に、旧約聖書に記された神様の言葉を知らなくては理解することはできません。その冒頭の「イスラエルの神である主」という言葉からして、そのことは分かります。ここには、旧約聖書を代表するダビデとアブラハムの両方が出てきます。

ダビデはイスラエルを代表する王です。そして、ユダヤ人はずっとダビデの子がメシア（救い主）として到来することを待ち望んでいました。だからこそ、天使ガブリエルは、マリアに受胎告知をする際に、イエス様が「ダビデの王座に就く」方であること、つまり、待ち望まれていたメシアであることを告げたのです。しかし、それは人々が待ち望むメシア像をはるかに超えたメシアであり、また人々の期待とは全く異なるメシアです。それは今日のザカリアの預言の中でも暗示されていますし、今後の洗礼者ヨハネの活動と主イエスの活動そのものによって明らかになって来ることです。

アブラハム

アブラハムとは、神様が選び立てたイスラエルの先祖であり、罪によって呪いに堕ちた世界に信仰によって祝福をもたらした人物です。彼なくして、イスラエルの歴史は始まらず、それは世界史にとっても重大な意味を持つものなのです。

「マリアの賛歌」の最後は、こういう言葉でした。

「その僕イスラエルを受け入れて、
憐れみをお忘れになりません、
わたしたちの先祖におっしゃったとおり、
アブラハムとその子孫に対してとこしえに」。

（ルカ一・五四―五五）

アブラハムに対して与えた憐れみを、神様が子々孫々にわたって決して忘れない。その神様の愛の真実、そこに神の民イスラエルの救いの根拠があり、望みの根拠があるのです。そのことを、マリアはイスラエルの民の一員として知っています。そして今、洗礼者ヨハネが生まれようとし、自分の体には「ダビデの王座に就き」「ヤコブの家を永遠に支配する」「神の子」が宿ろうとしている。そのことを知った時、マリアの魂は、お語りになった言は必ず実現させる神の真実な愛、「憐れみ」に触れ、魂が揺さぶられて、その魂から賛美が湧き起こって来たのです。

ザカリアも同様です。彼もまた、こう歌います。

「主は我らの先祖を憐れみ、
その聖なる契約を覚えていてくださる。
これは我らの父アブラハムに立てられた誓い。

こうして我らは、
敵の手から救われ、
恐れなく主に仕える、
生涯、主の御前に清く正しく」。

（同一・七二―七五）

（三）

アブラハムとの間に立てられた「聖なる契約」とは何か？　それは創世記二二章、あのイサク奉献物語の帰結として書かれている言葉だと思います。そこで、主の御使いはアブラハムにこう語りかけます。

「あなたを豊かに祝福し、あなたの子孫を天の星のように、海辺の砂のように増やそう。あなたの子孫は敵の城門を勝ち取る。地上の諸国民はすべて、あなたの子孫によって祝福を得る。あなたがわたしの声に聞き従ったからである」。

（創二二・一七―一八）

主の命令に従い、独り子をさえ惜しまずに主に捧げようとするアブラハムの信仰に対して、主なる神様は彼の子孫の増大と敵に対する勝利と、地上の諸国民に対する祝福を約束されました。つまり、神様に祝福されるのは、アブラハム個人だけではなく、彼の子孫たちでもあり、さらに地上の諸国民でもあるのです。それが信仰に至ったアブラハムと神様との間に立てられた「聖なる契約」です。

このザカリアの賛歌は、前半はダビデ、中盤がアブラハム、後半がヨハネの活動とイエス様到来の予告になっており、その前半と中盤の両方に、「敵からの救い」というモチーフがあります。ダビデの家から起こされた「救いの角」は、「我らの敵、すべて我らを憎む者の手からの救い」とあり、神様がアブラハムとの聖なる契約を覚えていてくださるから「我らは敵の手から救われる」とあります。これは、具体的に目に見える敵である場合もあります。アブラハムは、外国の王たちと戦って甥のロトを救出したことがありました。ダビデは、多くの敵を打ち破って王国を築いたことは言うまでもありません。地上には、そういう敵がいることは確かです。

しかし、彼らは、そういう敵とだけ戦っていたわけではありません。彼らにとって最も手強い敵は、武器をもって襲ってくる外敵ではなく、自分の心を襲撃して来る敵です。罪なのです。アブラハムもダビデも、生涯戦い続けなければならなかったのは、この敵です。その具体的内容について旧約聖書をひも解きつつ縷々述べることを今日はしません。彼らは、ある意味では神に選ばれた人物であるが故に、罪は執拗に彼らに迫り、彼らを絡め取ろうとするのです。神様を疑わせたり、自分の力を過信させようとしたりして、絶えず神様との愛と信頼の交わりを破壊し、彼らを神から引き離そうとする。その罪との戦いこそ、彼らにとっては本質的なものでした。そして、主がその民を訪れ、また聖なる契約を覚えてくださる時、アブラハムもダビデも、その子孫も、敵の手から救われ、恐れなく主に仕える、礼拝することができるようになるのです。

（三）

罪の赦しとしての救い

そして、今こそ、その「救い」を永遠のものにしてくださるお方が到来する。ザカリアは、そう預言します。

彼は、今誕生したばかりのヨハネに向かって、

「幼子よ、お前はいと高き方の預言者と呼ばれる。
主に先立って行き、その道を整え、
主の民に罪の赦しによる救いを、
知らせるからである」　（ルカ一・七六―七七）

と語りかけます。

ここにはっきりと、「救い」は「罪の赦しによる」ものであることが明言されます。

最近も隣国において起こったように、突然、大砲で砲弾を撃ち込んで来る者たちもたしかに敵でしょう。しかし、その敵を憎み、敵に対して武力で報復し、倍返しをすることを当然と思わせる力こそ、私たち人間にとっては最も手強い敵なのです。私たち人間は、ずっとその敵の前に敗れ続けているのです。戦勝国も敗戦国も同じことです。人間の殺し合いに過ぎない戦争を、「正義のため」「平和

のため」としていること自体、罪に敗北していることだからです。その戦争に勝ったところで、真の敵の手からの救いなどありません。現在の私たちの国の内外の状況も、先の戦争で未整理の問題がたくさんあることが原因であり、戦争が終わっても絶えず仮想敵国は存在し、それはいつか現実の敵となるのです。それは、全世界で繰り返されている人間の歴史です。何故、そうなるかと言えば、私たちが本当の敵が誰であるかを見誤っているからです。本当の敵は罪なのです。そして、その罪という敵に対して、私たちは無力です。自分の力で戦っても勝てないのです。少なくとも自力だけでは勝てない。だから神様が与えてくださる救いが必要なのです。神様が、敵に敗れて惨憺たる状況にいる私たちの所を訪ねてくださらなければ、また見捨てることなく覚えていてくださらなければ、私たちはどうにもなりません。そして、神様が戦ってくださり、勝利してくださらなければ、私たちはどうにもならない存在なのです。

暗闇と死の陰に座する人間

ザカリアは、今こそ、「高い所からあけぼのの光が我らを訪れ、暗闇と死の陰に座している者たちを照らし、我らの歩みを平和の道に導」いてくださる時が来たと預言します。そして、「これは我らの神の憐れみの心による」のだと言う。

神様の「憐れみ」こそ決定的なものであることは、前回のマリアの賛歌においても明らかでした。この「憐れみ」の故に、私たちは希望が持てるのです。私たちは、罪の力に絡め取られている限り、

（三）

自分自身に何の希望も持てない存在だからです。罪の力に絡め取られるとは、「暗闇と死の陰に座している」ことしかできないことです。先ほど言った殺し合いと領土や資源の奪い合いに過ぎない戦争もまた「暗闇と死の陰に座している」人間の絶望的な業です。罪に絡め取られている人間の姿なのです。

しかし、他方でこういうこともある。皆さんの中にも、自分が暗闇の中に閉ざされて一歩も動けないという苦しみを経験した方も大勢おられると思います。私も私なりにそういう経験をしてきましたし、今もうっかりすれば、そういう闇の中に落ち込むことがあります。そして、皆さんも、そういう状態で苦しんでいる人の呻きを聞くことがあると思います。「何の希望もない、できれば死にたい……」と。私も、牧師をしていますから、自分ではどうすることもできない闇に覆われて、一歩も動けず、助けを求める気力さえ失いかけている人と接することがこれまでも幾度もありましたし、今もあるし、これからもあるでしょう。そして、私なりに一生懸命に接していた方が、突然、自ら命を断ってしまう。闇の力が、その人に襲いかかってしまい、死の闇の中に引きずり込んでしまう。そういう恐ろしいことが、現実にあります。一筋の光さえ見ることができれば生きていくことができたはずなのに、その光を見る前に死を選んでしまう。選ばされてしまう。そういうことが現実にあります。私も衝撃を受けますが、残されたご家族の衝撃は計り知れず、何年も深い傷になっていることがあり、その苦しみを聞かせていただくこともあります。

憐れみの心

神様が見ている現実は、そういう私たち人間の現実です。ここでザカリアは、「憐れみ」という言葉に「心」を付け加えて「憐れみの心」と言っています。この「心」とは内臓のことです。腸《はらわた》です。母親は、お腹を痛めて子どもを産みました。その子どもが重い病気になった時、子を愛する母親は再びお腹を痛めるでしょう。腸がねじれるような痛みを感じる。まして、その子が死んでしまったら、腸は引き裂かれます。

罪という闇、そういう敵に襲いかかられて、闇に取り込まれ、そこから一歩も動きだすことができない人間を見る時、神様の腸がねじれている。憐れみによって激しく痛んでいるのです。その痛みによって、神様はもはや天には留まっておられない。そこから地上に、その闇の中に訪れてくださるのです。「高い所からあけぼのの光が訪れて」来るのです。その「あけぼのの光」こそ、私たちに救いをもたらす主イエスです。

あけぼのの光

主イエスは、神様の心、腸です。私たちを救うためにねじれ、そして、最後は引き裂かれていく腸なのです。この方が高い所から訪れてくださる。しかし、それは同時に「あけぼのの光」が地平線から上がって来るように訪れてくださるのでもあります。目を高く上げることができない者たちには、下から上がって来る光しか見えません。最も高き所におられた方が、しかし、闇に覆われた地平線の下から一筋の光として射し込んで来てくださる。陰府の中から復活された命の光として上がって来られる。その光を見ることができるか否か、その光に心を向けることができるか否か、ただそこにだけ私たちが罪の闇の中から救い出されるか否かが、掛かっているのです。

（三）

主イエスは、「罪の赦しによる救い」を与えるために、「高き所から私たちを訪れて」くださる神様です。栄光に包まれた天から、暗闇と死の陰に覆われているこの地上に、あけぼのの光として到来してくださる救い主です。それは、主イエスにとっては、まさに自殺行為です。死の闇に呑み込まれることなのですから。「虎穴に入らずんば虎児を得ず」ではありませんが、闇の中に入らねば、死の中に入らねば、罪の奴隷となって死に瀕している私たちを救い出すことができません。その救いのために、主イエスは天から地上に来てくださいました。人間が生まれる場所としては最も惨めな家畜小屋で生まれ、そして、人間が死ぬ場所としては最も惨めな処刑台としての十字架の上で、素っ裸にされて最悪の罪人として殺されたのです。そのようにして、死んでくださったのです。その痛みは、腸の痛みをはるかに超えています。罪と死の棘に刺され、命が裂かれて死ぬのですから。しかし、その死によってしか、新しい命は生まれない。神様は、その事実を知り、ついにご自身の独り子をさえ惜しまずに、私たちに与えてくださったのです。死の闇の中に輝く命の光として。

平和があるように

主イエスは、ご自分を十字架に磔にする人々の罪が赦されるように祈りつつ、自らが代わりに死んでくださいました。その時、神様の腸は引き裂かれました。しかし、その死を通して、主イエスは甦らされました。

そして、死の暗闇に閉じ込められ、そこから一歩も動けなかった弟子たちに現れ、その真ん中に立って、

「あなたがたに平和があるように」　（ルカ二四・三六）

と語りかけてくださったのです。

そして、こうおっしゃった。

「わたしについてモーセの律法と預言者の書と詩編に書いてある事柄は、必ずすべて実現する。これこそ、まだあなたがたと一緒にいたころ、言っておいたことである」。（同二四・四四）

神がお語りになったことは必ず実現するのです。ずっと、主イエスはそのことを弟子たちに語って

来たのです。そして今、主イエスは続けます。

「次のように書いてある。『メシアは苦しみを受け、三日目に死者の中から復活する。また、罪の赦しを得させる悔い改めが、その名によってあらゆる国の人々に宣べ伝えられる』と。エルサレムから始めて、あなたがたはこれらのことの証人となる。わたしは、父が約束されたものをあなたがたに送る。高い所からの力に覆われるまででは、都にとどまっていなさい」。

（同二四・四六―四九）

（三）

信仰告白

今日、幼き日にご両親の信仰によって洗礼を授けられていたHさんが、その「高い所から来る力」、つまり聖霊に覆われて、「イエスは主である」と告白することができました。先日も個人的に色々とお話しを伺いましたが、Hさんの人生もまた多くの方と同じく、暗闇と死の陰に覆われてどうすることもできない時期がありました。しかし、今、ついに高き所から訪れてくださったあけぼのの光としての主イエスと出会い、その光を見つめ、罪を悔い改め、「私のために十字架に掛かって死んでくださり、復活されたイエス様は私の救い主です」と信仰を告白することができたのです。それは高い所から私たちを訪ねてくださる聖霊の力に包まれたからです。そして、その時、Hさんに平和が訪れたのです。罪という敵の手から救われる救いが訪れたのです。それは、ザカリアが言う如く、「恐れなく主に仕える」限り、つまり主を礼拝し続ける限り、決して奪われることのない救いです。

クリスマスに向けて

私たちは今日も、高き所から訪ねてくださった主イエスが真ん中に立っておられる礼拝に招かれ、そして礼拝を捧げています。その礼拝の中で、旧約聖書以来の「神の言」は必ず実現することを知らされ、神様の憐れみの力を知らされています。そして、今日も主イエスは、私たちに「あなたがたに平和があるように」「平和がある」と語りかけてくださっています。礼拝の終わりには、「平和の内にこの世へと出て行きなさい」と派遣されるのです。

何故でしょうか？　この世に「平和」がないからです。罪の赦しによって与えられる救い、神様との和解という平和がないのです。また、この世には光がないからです。イルミネーション、幻想の光はあります。しかし、罪と死の闇を打ち破る愛の光、復活の命の光がないのです。

だから、私たちは、今この時、目を上げて主イエスを見つめましょう。その光を見つめましょう。そして、耳を澄ませてその声を聞きましょう。そして、豊かな祝福を受け、主の派遣に応えて、新しい一週間の歩みに踏み出しましょう。

来週は、クリスマスです。栄光に輝く天から地の闇の中に到来してくださったキリストを礼拝する日です。暗闇と死の陰の中に座している一人でも多くの人に、あけぼのの光の到来を伝えることができますように。私たち自身が、その光を反射しつつ、この一週間は、心を合わせてそのことのために生きる者でありたいと願います。

（三）

聖なる御父

御名を崇め、感謝をいたします。あなたの、その腸《はらわた》を痛めて、痛め切ってついに御子主イエス・キリストをあなたの許からこの地上に、私どものこの闇の世に罪の世に、あなたは送り給うて、その死をもって死を滅ぼし、闇の中に輝く永遠の命の光としてくださいました。御子主イエス・キリストは、今も私どものただ中に輝いてくださっております。

恵みによって、その光である御子主イエス・キリストと出会い、信じ、「我が主」と告白して生きる者とされておりますことを感謝いたします。どうかこの恵みを私せず、恵みを分かち合う者として生きることができますように。私ども一人ひとりを豊かに祝福し強め、そして派遣をしてください。

来る主の日はクリスマスです。あなたの御子主イエス・キリストの御降誕を祝い、感謝する日です。闇の中に決して消えることのない光が到来したことを覚え、感謝し賛美する日です。私たちの世は闇に包まれています。まさに、その中で蠢き苦しみ、呻き、立ち上がることができない多くの人々がいます。その人々にクリスマスの喜びを伝える歩みをすることができますように私ども一人ひとりを祝し、これからの一週間の歩みに派遣してください。主の御名によって祈ります。アーメン。

（二〇一〇年十二月十二日）

泊る場所がなかった

ルカによる福音書二章一―七節

クリスマスの喜びと悲しみ

クリスマスの季節は喜びに満ちた季節です。しかし、私は今年も、その喜びの裏側にある悲しみを見ますし、様々な所で喜びと悲しみについて語り続けています。

これまで登場してきたザカリアもエリサベトもマリアも、激しい動揺、悲しみ、苦しみを経て、神の御心を我が身に受け入れ、我が身を捧げたのです。そして、そういう人間だけに湧き起こる賛美を捧げたのです。そこには、それまでの自分の死がありました。そして、その死を通しての命の誕生があったのです。そこに喜びがあり賛美がある。死の悲しみを経ない喜びは、クリスマスの喜びではありません。

（三）

居場所がない

二十年くらい前からでしょうか、日本の自殺者が一年で三万人を超えるようになりました。月別で言うと、卒業や就職の季節である三月〜五月が多いそうです。景気の動向や家庭問題、病気など、様々な要因があると言われます。具体的な要因は何であれ、この世には自分の居場所がないと思ったということだと思います。生きる場所がなければ、死ぬしかないということになってしまいます。

昔読んだある本には、ドイツでは、クリスマスシーズンに自殺者が一番多いと書かれていました。今の現実はどうなのかよく分かりませんが、キリスト教的な世界という一体感がまだ残っていた頃のヨーロッパにおいては、クリスマスやイースターは日本における盆と正月のようなもので、遠く近くの家族が実家に集まって食事をしながらクリスマスを祝うのです。多くの人々が、そのために移動をする。しかし、そういう社会の中で、帰る家がない人もいます。家族がいない、いても会えない事情がある。そういう人々がいます。そういう人々が、一年で最も華やかなクリスマスシーズンに自ら命を絶つことが多い。だから、キリスト教会が主導して、日本で言えば「いのちの電話」のようなものをこの時期だけ開設して、社会や家族の中に自分の居場所を持てない人々の話し相手をするそうです。

社会の中には、表に見える部分と見えない部分があります。光と影がある。そして、それは一人の人間の心の中にもあって、影の中に光は入って来られないし、光の中に影は入って来られません。それぞれの中に、自分の居場所がないのです。互いに排除し合っているからです。居場所がない時、人は自分が何者であるかを見失っていきます。

光の祝祭

クリスマスは、神の家族としてのキリスト教会にとって、イースターに並ぶ大きな祝祭です。この時ばかりは、普段は疎遠になりがちな家族も集まってきます。そういう喜びの時なのです。この二つの祝祭に共通していることは、両方とも光の祝祭であるということです。主イエスの復活を祝うイースターは、暗い夜が明けて太陽が昇って来る時の祝祭です。死の闇に閉ざされていた洞窟の墓の中に、復活の命の光が輝いたからです。主イエスのご降誕を祝うクリスマスは、夜の闇の中に輝く星の光の祝祭です。東の国の占星術者たちはメシア誕生を告げる星を追い求めてやって来ました。羊と共に野宿をしている羊飼いは、星が輝く夜、ダビデの町で救い主が誕生したことを知らされました。占星術者は、当時のユダヤ人からしてみれば神に見捨てられた異教徒であり異邦人です。羊飼いはと言えば、社会の最底辺を生きる貧しい人々であり、律法に適う生活をなし得ない汚らわしい罪人です。しかし、そういう異邦人、罪人たちによって最初のクリスマス、キリスト礼拝が捧げられたのです。いずれも、正統的ユダヤ人、神の民の中に自分たちの居場所を持たない人々です。そういう人々が、主イエスが寝かされている家畜小屋の飼い葉桶のもとに呼び寄せられて、集まって来るのです。彼らは、その場所に自分たちの居場所を発見し、そこで自分が何者であるかを知らされていったのです。

（三）

ローマの平和

先ほど読んだルカによる福音書二章一節には、これまでと同様に時の為政者の名前が明記されていました。アウグストゥスとは、「崇高なる者」を意味する称号です。名前はオクタビアヌスです（正式にはもっと長いのですが）。しかし、私たちが今、「キリスト」と言えばイエスと結びつくように、「アウグストゥス」と言えばオクタビアヌスと結びつく。それほどに強大な権力を持ったローマ帝国の皇帝でした。彼の登場によって、戦乱が続いていた地中海世界に「ローマの平和」〈パックスロマーナ〉と呼ばれる平和がもたらされたのです。だから、彼は当時の人々から「救い主」と言われ、「神の子」とも言われ、彼の誕生日は「福音」（良き知らせ）として国民的な祝賀行事の日だったのです。私たちの国においても、天皇が現人神とされていた戦前戦中には、天皇誕生日は国民的祝賀行事の日だったのではないでしょうか。神武天皇の誕生日は、紀元節と呼ばれていました。

そういう絶対的な存在として、皇帝アウグストゥスが首都のローマにおり、その下でキリニウスという総督が、ユダヤ人が住む地方を含むシリア州を統治していたのです。国の為政者は自らの支配を盤石とするために税金を徴収し、徴兵制を確立しようとします。そのためには、住民の数、年齢、資産状況などを調べなければなりません。そこで、アウグストゥスはその支配下のすべての住民の登録をするように命じたというのです。この世の最高権力者が、自らの平和と繁栄を造り出すために住民登録をせよとの勅令を出した。これは政治家として当然のことです。

世界史の中の救済史

その勅令に従って、本籍地から離れて暮らしている人々は皆、自分の本籍地に帰って登録をしなければなりませんでした。ヨセフもその一人です。彼は、皇帝にしてみれば虫けらのような存在です。しかし、ヨセフは、かつてのユダ王国の王「ダビデの血筋」であり、ダビデの出生地であるベツレヘムが本籍地だったのです。そこで彼は、ガリラヤ地方のナザレからユダヤ地方のベツレヘムまで片道四日とも言われる旅をしなければなりませんでした。

ここは、注意深く読んでいかなければなりません。ローマ帝国の皇帝アウグストゥスとかつてのユダ王国の王ダビデ、それは国の大きさも権力の強さも比較にならぬ支配者です。そして、ダビデが王だったユダ王国は、この時よりも六百年も前に滅亡しているのです。そして、ダビデ王の末裔であるヨセフは、今はしがない大工ですから、皇帝アウグストゥスなどとは比較のしようもありません。しかし、いつの日かダビデの子孫から王（メシア）が生まれる。その場所は、ダビデの町ベツレヘムである。それが、イスラエルの神、主が預言者たちを通して語られた預言なのです。その預言が、古代地中海世界で最強の王と言ってもよいアウグストゥスの時代に実現し始めている。ルカは、そう告げているのだと思います。誰にも知られぬ形で、世界史を紀元前と紀元後に分けていく出来事が進展しているのだ、そのことに目を向けて欲しいと言っている。

それは、ザカリアの預言によれば、神の「憐れみの心」によることです。そして、その「憐れみの心」によって高い所から訪れて来る「あけぼのの光」としての王は、「罪の赦しによる救い」を与えてくださる王です。その意味で、「暗闇と死の陰に座している者たちを照らし、我らの歩みを平和の道に導く」王なのです。その王がもたらす平和は、武力と権力によって実現するこの世の一時的な平和（戦争がないだけ）ではなく、罪の赦しによる神と人との永遠の平和です。この時は誰も知らないことですが、そういう平和の王が神様の預言の実現として、アウグストゥスの世に誕生しようとしている。この世の帝国の中に、神の国が突入して来ている。世界史のただ中で、神様の救済の歴史が展開しているのです。虫けらのように扱われる庶民を通して、世界史が根本的に新しくされる出来事が進行している。その隠された事実がここに記されていることだと思います。

（三）

何故「一緒に」いくのか？

五節には、「身ごもっていた、いいなずけのマリアと一緒に登録するためである」とあります。住民登録は、基本的に成人男子だけがすればよかったし、家族を代表してすればよいことで、妻も一緒である必要はありませんでした。しかし、彼らは「一緒に」ベツレヘムへ行きました。マリアは身重であり、臨月を迎えていたのに、です。何故なのか？

先週と今週、青山学院女子短期大学の講義で『マリア』という映画を二回に分けて観ています。原題は『降誕物語』です。その映画を観るために、十一月下旬から聖書のクリスマス物語を読んできました。その映画を観るとよく分かるのですが、婚約はしていてもまだ結婚生活をしていない時期に女が身ごもることは、許されざる戒律違反でした。彼らが婚約中は禁じられている性行為をしたか、マリアが他の男との関係を持ったとしか考えられないからです。身に覚えのないヨセフが訴えれば、マリアは姦淫の罪を犯した女として石打ちの刑を受けねばなりません。ヨセフは、死ぬほどに悩みました。しかし、マリアだって身に覚えはないのです。彼女は聖霊に包まれる中で天使の言葉を信じ、受け入れざるを得なかったのです。そこには、彼女の重大な決心、これまでの自分が死んで新しく主に献身するという決心がありました。その結果の妊娠です。

もちろん、それ以前に、独り子を人として生まれさせるという神様の側の決心、ご自身の殻を破り、それまでの御自身のあり方を破壊して新しくなるという神様の決心があるのです。しかし、そんなことは誰も知らないことだし、マリアの言うことを信じる人が周囲にいるはずもありません。

ヨセフも同じことです。しかし、ヨセフにも夢の中で天使が現れ、マリアが言っていることは本当のことであると告げたのです。そのことによって、ヨセフもマリアと同様にそれまでの自分が破壊され、マリアを受け入れ、その胎の実を聖霊によって宿った神の子として受け入れたのです。しかし、そんなことを信じるのは、この地上ではザカリアとエリサベトとヨセフとマリアだけです。親兄弟は勿論、村の人々の誰も信じてはいません。だから、彼らは絶えず不信の目で見られ、陰口をたたかれているのです。ナザレでは心安く生活もできなかった。映画では、その雰囲気がよく描かれていました。

そういう状況の中で、ヨセフとしては、身重のマリアをナザレに一人残して、ベツレヘムまでの長旅をすることはできなかったと思います。もし、自分が不在の時に彼女に陣痛が襲ってきても、親や

（三）

近所の人たちの好意に彼女を委ねることはできないのです。だから、彼は「身ごもっていた、いいなずけのマリアと一緒に登録するため」にベツレヘムに行かねばならなかった。つまり、彼らはナザレには居場所がなかったのです。

場所がなかった

そして、ベツレヘムに到着後、マリアは月が満ちて、初めての子を産むことになります。そのことを、ルカは、こう記します。

マリアは月が満ちて、初めての子を産み、布にくるんで飼い葉桶に寝かせた。宿屋には彼らの泊る場所がなかったからである。（ルカ二・六―七）

布は「おむつ」だとか「うぶ着」だとか色々言われますが、どちらにせよ、マリアとヨセフが初めて生まれる子のために精一杯用意したものでしょう。しかし、彼らは子どもを産む部屋を用意はできませんでした。原文には「泊る」という言葉はありません。ただ「宿屋の中に、彼らのための場所がなかった」と記されています。ナザレにもベツレヘムにも、彼らのための場所がないのです。それは、生まれ出て来るイエス様が安心できる場所がないということです。

本来いるべき場所に自分の場がない。肉親の家族がいるのに、その中に自分の居場所がないということがあります。家庭という場そのものがない場合もあります。羊飼いとは、一生を独身で過ごす人々だと言われます。寝泊まりする家もなければ寝食を共にする家族もいない人々。そして、罪人として町の中には入れない人々。人々の交わりの中に、自分の居場所がないのです。そういう人々の所に、天使は真っ先に訪ねてきたのです。

牧師にとって、クリスマスシーズンは、説教を数多く語る季節であると同時にたくさんの訪問をする季節でもあります。今現在この礼拝堂に集まり、共に礼拝を捧げることができる方をお訪ねすることは、この季節は特にありません。かつてはこの礼拝堂で共に礼拝を捧げていたのに、今は高齢の故に、病の故に、様々な事情によって礼拝堂に集まることができない方たちをお訪ねします。御言を携え、可能であれば聖餐のパンとぶどう酒を携えてです。さらに可能であれば、信仰の家族と共にです。この礼拝堂に来ることができない。神の家族として皆と一緒に礼拝を捧げたいのに、もう自分はその場所にはいけない。そこは自分の居場所ではなくなってしまった。そういう方々は、どの教会にもいます。あるいは、長年住み慣れた家からも離れ、互いに言葉も通じない高齢者がいる施設の中で過ごすしかない。病院のベッドの上だけが居場所になってしまった。誰とも信仰の話などできない。かつては、日曜日毎にここに集まり、礼拝をし、食事を共にし、信仰に生きることの苦しみと喜びを分かち合っていたのに、今は、そんなことは夢の夢。そういう方たちがおられます。そういう方たちを訪問しつつ、私は、生まれた時からこの世の中に心安らぐ場所がなかった主イエスのことを思い続けていました。そして、主イエスだけが、この世に居場所のない人間にとっての居場所になれる唯一のお方なのだと思いました。

（三）

排除されるイエス

ヨセフとマリアにとっては、ナザレも安心して暮らせる場所ではなかったし、ベツレヘムでも安心して子を産む場所がありませんでした。主イエスは、そういう両親の許に生まれたのです。最初から、この世においては歓迎されざる者だったのです。

マタイによる福音書では、それはもっと露骨です。ヘロデ大王は、預言の成就として「ユダヤ人の王」が生まれたことを聞かされると、ベツレヘム周辺の二歳以下の男児を皆殺しにしました。イエス様は、最初からこの世にいてはならない存在なのです。排除されなければならない存在なのです。

そして、イエス様を排除する。それが、この世です。その本質は今も変わっていません。この世の本質は罪です。罪に支配されているということです。それは死の闇に支配されていることなのです。誰もがそのことは薄々感じてはいます。しかし、誰もが罪の闇の中にいる安楽さを好むものでもあります。悔い改めることが嫌なのです。自分を中心にして、願望や欲望に従って生きていたいのです。そういう自分が破壊されることが嫌なのです。

クリスマスは、自分の殻が突き破られることです。この世に神の国が突入して来ることです。自分の体に主イエスが突入して来ることです。その方を受け入れるとは、それまでの自分ではいられないことなのです。そうと分かれば、私たち人間は一斉に主イエスを排除します。「罪の赦しによる救い」、神との和解としての平和をもたらす王よりも、繁栄に基づく平和をもたらしてくれる王の方が余程良いのです。自分が罪人であることを自覚させられることは、私たちにとっては最も嫌悪すべきことなのです。そういう私たちの心の中に主イエスの居場所はないし、そういう私たちが作り出す社会の中に主イエスの居場所はありません。クリスマス会の名のもとに食べたり飲んだりすればするほど、そのことによって主イエスを排除しているのです。そのお祭り騒ぎの中に、主イエスの居場所はありません。

そして、実はそうすることによって、私たちは自分自身を排除しているのです。神に象って創造され、神の息によって生かされる本来の自分の居場所を排除しているのです。私たちの罪を赦し、神様との愛の交わりの中に迎え入れようとしてくださるお方を排除しているのですから。しかし、そのことに気づかない。そこに罪人の悲劇があります。

家畜小屋の飼い葉桶

飼い葉桶とは、家畜小屋にあるものです。家畜小屋は動物の体臭、糞尿の匂いが漂う場所です。しかし、これは私たちがイメージするような木の掘立小屋ではなく洞窟だったと思われます。薄暗い洞窟です。そして、飼い葉桶は羊や山羊や牛がその鼻先を突っ込んで草を食べる桶です。動物のよだれがこびりついている。そういう不潔な場所が、人間社会にはあります。そして、そういう場所が人間の心の中にはあります。神の子、救い主は、そこに生まれたのです。

そして、そのことを真っ先に知らされたのは、街には居場所がない羊飼いたちです。汚らわしい罪人として排除されている彼らこそ、世界中の人間に与えられる大きな喜びを最初に知らされた人々であり、最初に主イエスに会いに行き、賛美しつつ帰ったのも彼らなのです。彼らは、家畜小屋には居場所があります。そこには、罪の赦しによる救いを与えてくださる王がいるからです。その王の前にぬかずく時、つまり、キリストを礼拝する時、彼らの心は平和に満たされました。初めて、自分の存在を丸ごと受け入れ、そしてそのことによって汚れを清めてくださるお方と出会うことができたからです。彼らはこの時、神はかくまで深く自分たちを愛してくださっていることを知ったのです。この主イエスを心に受け入れ、主イエスの愛の中に自分を見出す時、私たちは自分が誰であるかを知るのです。私たちは神様に愛されている罪人です。私たちは、その愛の故に罪を赦していただいたキリスト者です。私たちは、神の御腕に抱かれている神の子です。その腕の中に自分の居場所が与えられた神の子なのです。

（三）

飼い葉桶から十字架へ

主イエスは、暗い洞窟の中の飼い葉桶に布にくるまって寝かされることからその地上の人生を始められました。その歩みの行き着く先は、処刑場でした。〝お前の居場所などこの世界にはないのだ、さっさと消え失せろ〟と言われ、布一枚も身につけることなく、素っ裸にされて、生きたまま十字架に釘打たれて磔にされる恥辱と苦痛に耐え、多くの人々の嘲りの中に死んで行かれたのです。その人々の罪が赦されるように祈りつつです。そして、その赦しのために、ご自身が神の裁きを受けてくださっているのです。

その処刑場には、やはりこの世に居場所をなくした人たちがいました。同じように十字架に磔にされている二人の人がいた。その内の一人は、多くの人々と同じように主イエスを嘲りました。罪の悔い改めを拒み、主イエスを抹殺することで実は自分の救いをも排除してしまいました。しかし、もう一人は罪人の罪が赦されるように祈りつつ、身代りに死んで行かれる主イエスの姿を見て、自分の罪を知りました。そして、死すべき罪人をかくまで深く愛し、その愛ゆえに命を捨ててくださる主イエスを救い主と信じたのです。そして、これまでの罪をすべて悔い改めて、主イエスがもたらす御国の中に迎えていただきたいと願いました。主イエスが王である神の国の中には、自分のような罪人にも居場所があると確信したからです。彼は、「イエスよ、あなたの御国においでになるときには、わたしを思い出してください」と言いました。罪を犯し続けたが故にこの世の中での居場所を失った者が、罪を犯さなかったが故に十字架上で息を引き取られる直前の主イエスに、罪の赦しによる救いを与えてくださいと懇願した。その時、主イエスは、「はっきり言っておくが、あなたは今日わたしと一緒に楽園にいる」と言われました。

この世において、羊飼いが最初に「民全体に与えられる大きな喜び」を知らされたように、十字架につけられて処刑される犯罪者が、最初に「あなたは今日わたしと一緒に楽園にいる」と告げられたのです。

（三）

私たちの居場所としての聖餐の食卓

今日は、Mさんが洗礼を受けられました。自分の罪を悔い改め、主イエスによる罪の赦しを信じ、救いを求めて洗礼を受けられました。私たちキリスト者は皆同じです。そしてそれは、この世を生きつつもその本質において御国を生きることです。主イエスを王として生きることなのです。目に見える形では、アウグストゥスの命令に従い、彼の王国の秩序に従いながらも、です。国民としての義務を果たすことは、キリスト者にとっても大事なことです。しかし、私たちは、そのようにしつつも、実際には神の御国の中を生きていくのです。イエス・キリストを通して与えられた神様の愛と赦しを受けた者として、イエス・キリストを証しして生きるからです。「時は満ちた、神の国は近づいた。悔い改めて福音を信じなさい」という主イエスの言葉を、私たちは礼拝と生活の中で生きるのだし、また告げるのです。神の国の中にこそ、私たちの永遠の居場所があり、救いがあるからです。

これから聖餐の食卓に与ります。これは、洗礼を受けたキリスト者が御国を仰ぎ見つつ与る命の食卓です。先週の礼拝で、神と会衆の前で信仰告白をしたHさんと、今日洗礼を受けられたMさんは、今日初めてこの食卓に与り、神の家族の一員として、つまり神の子として、共に主を賛美します。ついに永久の居場所に導き返された恵みを感謝し、主の御名を賛美するのです。

まだ洗礼を受けておられない方が、今後も礼拝出席を継続することによって、いつの日か、心に主を信じ、口で信仰を告白して洗礼を受けることができますように。そして、共々にこの食卓に与りつつ罪の赦しによって与えられる御救いを感謝し、主を賛美できますように祈ります。ここにこそ、私たちの居場所があるのですから。

聖なる父なる御神

御名を崇め、感謝をいたします。あなたは私どもを救い、罪の赦しによる平和を与えるために、御子主イエス・キリストを、あのベツレヘムの飼い葉桶の中に誕生させてくださいました。その御子主イエス・キリストを私どもの救い主、私どもの王として受け入れるとき、私どもはあなたの国の中に、またあなたの御腕の中に、自分の命の置き場所、生きる居場所を見つけることができました。恵みによってです。ただただ、あなたの恵みと選びによって私どもは生涯、そしてまた永遠に、生きる居場所を与えられております。感謝をいたします。

どうぞこの恵みを共に分かち合い、決して忘れることなく、あなたの御名を賛美することができますように。そしてまたこの恵みをまだ知らない者たちに、あなたの御子主イエス・キリストを証ししながら生きる者とならせてください。主イエス・キリストの御名によって祈ります。アーメン。

（二〇一〇年十二月十九日　クリスマス礼拝）

大きな喜びを告げる

ルカによる福音書二章八―二一節

アウグストゥス　ヘロデ

先週のクリスマス礼拝においては、七節までを読みました。八節以降の出来事は七節までが前提なので、少しだけ振り返っておきます。

二章は、時の為政者の名前の列記から始まります。皇帝アウグストゥスは、言うまでもなく、ローマの平和を築いた大皇帝です。世界史の中に、その名を刻む人物です。平和の君、救い主、神の子と呼ばれ、その誕生日は福音（喜び）として祝われた皇帝です。あらゆる意味で、イエス様と対極にある人物なのです。主イエスは、今もその誕生が祝われますが、アウグストゥスの誕生を祝う人は、今は誰もいないという意味でも対局の人物です。

そして、次に登場するのはヨセフです。彼は、ローマ帝国に支配されているユダヤ王国の住民です。その王はヘロデです。ユダヤ人にとっては、かつての王ダビデは決して忘れ得ぬ人物です。紀元前六世紀に新バビロニア帝国にユダ王国が滅ぼされ、バビロン捕囚をされて以後の苦難の歴史の中で、ユダヤ人の間では、いつの日かダビデの子がメシア、救い主として誕生し、ユダ王国を再興してくれるという期待が次第に強まって来ました。それは、神様が預言者を通して語られた預言に基づく期待です。しかし、ヘロデはダビデの血筋を引く王ではなく、イドマヤ人（エドム人）の血を引く王ですし、ローマの庇護の下でユダヤ人を弾圧し搾取する王でしたから、ユダヤの民衆にしてみれば、メシアとしての「ダビデの子」ではあり得ません。

ヨセフ

そういうヘロデの治世に、「ダビデの家に属し、その血筋であった」ヨセフが、アウグストゥスの「住民登録をせよ」との勅令を受けて「ユダヤのベツレヘムというダビデの町へ上って行った」のです。住民登録の目的は、基本的に税金を徴収することにあります。ヨセフは、辺境のガリラヤ地方のナザレという村で大工を職業としていた庶民です。血筋、家柄はダビデ家に属していても、そんなことは当時の人々にとって、何の意味もありません。しかし、ご自身の言葉を必ず実現させる神様にとっては、彼がダビデ家に属することは意味があったし、そのヨセフの許嫁であるマリアをご自身の子を宿らせる女性として選ぶ理由があった、と言うべきだと思います。

その彼らは、婚約期間中の妊娠という、当時としては許されざる罪を犯した者として、ナザレには居場所がありませんでした。そのことの故に、この婚約期間中の二人は一緒にベツレヘムに向かい、そのベツレヘム滞在中に「マリアは月が満ちて、初めての子を産み、布にくるんで飼い葉桶に寝かせた」のでした。「宿屋には彼らの泊る場所がなかったから」です。つまり、イエス様は家畜が休む洞窟の中で産まれ、家畜が口を突っ込んで餌を食べる飼い葉桶に布にくるまれて寝かされたということです。これ以上ない貧しく不潔な場所で、人知れずお生まれになったのです。イエス様は、生まれた時から人の世には居場所がないのです。

クリスマス（キリスト礼拝）

そして、実際にはイエス様の誕生日は誰も知りません。教会は紀元後四世紀辺りから、十二月二十五日にイエス様の誕生を祝う礼拝（クリスマス礼拝）を捧げ始めましたが、その日が誕生日であるとしたわけではありません。実際には誰も知らないのです。世界史に名を残すアウグストゥスの誕生日は、紀元前六三年九月二十三日で死亡年月日は紀元後一四年八月十九日となっているようです。しかし、イエス様が生まれた日も死んだ日も、分かりません。つまり、資料がないのです。

何故、クリスマスが十二月二十五日かについても諸説ありますが、この日から次第に日が長くなる冬至の祭りに合わせたと言われます。太陽の光との関連で定められたことは確実だと思います。

羊飼い

アウグストゥスやヨセフらの次に登場するのは、羊飼いたちです。当時の羊飼いの身分や生活がどんなものであったかは、そこに一行だけ書かれていることからも想像できます。

その地方で羊飼いたちが野宿をしながら、夜通し羊の群れの番をしていた。（ルカ二・八）

当時の羊飼いは、自分の羊を飼っていたわけではなかったようです。羊のオーナーは別にいる。彼らは日雇い労働者であり、いつ首になってもおかしくない人々でした。そして、その仕事は過酷を極めました。昼は、照りつける太陽の光を避けることはできず、夜は夜で、しんしんと冷える冷気に身をさらしていなければなりません。そして、羊を襲う野獣をその杖や鞭、また石ころで追い払わねばならなかったし、羊泥棒もいたので、羊飼いは全員が眠るわけにはいかず、夜通し交代で番をしなければなりませんでした。昼働いて、夜は家族が待つ家に帰ってベッドで休むなんて生活は夢のまた夢なのです。彼らは、家も財産もなく、多分、家族もなく暮らす落ちぶれた人々です。だから、住民登録をする必要もない。つまり、住民の数に数えられてはいない。ローマ帝国のアウグストゥスから見れば、数えるべき人間でもないのです。そして、ユダヤ人社会の中では、律法に定められた生活習慣を守ることもできない汚れた罪人でもあります。つまり、神にも人にも見捨てられた人々ということです。あらゆる意味で、世界史のレベルでは全く役割をはたしていない人々です。そういう人々がここに登場します。

（三）

主の天使が近づいた

何故、こんな取るに足りぬ人々がここに登場するかと言うと、羊飼いらに「主の天使が近づき、主の栄光が周りを照らした」からです。この「近づき」（エフィステーミ）という言葉は、主イエスが復活された時に、主イエスが葬られた洞窟の墓にやって来た女たちに主の天使が「現れた」という場面で使われています。その時の女たちが大いなる恐れに捕らわれたことは言うまでもありません。しかし、この時の羊飼いたちは「非常に恐れた」のです。祭司ザカリアが、神殿の中で天使に出会うことだって大変なことです。まして、人の数にも数えられない羊飼いたちに、主の天使が近づき、栄光に照らされるなどということはあり得ないことなのです。

天使は、ザカリアにもマリアにも言ったように「恐れるな」と言ってから、こう告げました。

「わたしは、民全体に与えられる大きな喜びを告げる。今日ダビデの町で、あなたがたのために救い主がお生まれになった。この方こそ主メシアである。あなたがたは、布にくるまって飼い葉桶の中に寝ている乳飲み子を見つけるであろう。これがあなたがたへのしるしである」。

（ルカ二・一〇—一二）

民全体とは、世界中の民ということです。アウグストゥスがローマ帝国の「全領土の住民に、登録をせよとの勅令」を出した時に、神様は帝国の領土を超える世界のすべての民に「大きな喜びを告げる」のです。アウグストゥスの誕生が「福音」、「喜び」と言われていた時代に、それを上回る「大きな喜びを告げる」。その「大きな喜び」とは、「今日、ダビデの町で、あなたがたのために救い主がお生まれになった」ということです。

この「あなたがた」とは、「民全体」のことを含むでしょうが、直接的には、「羊飼いたち」のことを言っていると思います。つまり、その時代の人々からは、神にも人にも見捨てられた罪人と思われており、自分たちもそう思わざるを得ない羊飼いたちのことです。

最も貧しく、また罪深い羊飼いたちのための「救い主」が生まれた。そして、「民全体に与えられる大きな喜び」は、民全体の中で羊飼いたちに最初に告げられた。その二つのことが、ここで言われていることだと思います。ここには、大きなギャップがあることは言うまでもありません。

救い主は飼い葉桶の中に

さらにギャップは続きます。ダビデの町で生まれた「救い主」「主」「メシア」であるお方が、「布にくるまって飼い葉桶に寝ている乳飲み子」であるというギャップです。救い主は、ローマやエルサレムの王宮の奥の間のふかふかのベッドにではなく、暗く不潔な洞窟の飼い葉桶に布にくるまって寝かされている。しかし、「これがあなたがたへのしるしである」と言われたのです。

一昨日のクリスマス・イヴの晩、私は親しい交わりの中にあります聖ヶ丘教会のクリスマス賛美礼

（三）

拝に出席しました。中渋谷教会でキャンドルライト・サービスを二十三日の夕方に捧げるようになってからの、私の習慣です。そしてそれは、礼拝を会衆席で捧げることができる、私にとっては大きな喜びの時なのです。今年も恵まれた礼拝を守ることができました。山北牧師が語るその説教の中に、こういうたとえ話がありました。昔、よく語られた話なので、お聞きになった方もおられるかと思います。

「枝が二股に分かれた大きな木があった。そのうちの一本の枝は飼い葉桶を作るために切り落とされた。そして、もう一つの大きな枝は、それから三十年後に十字架を作るために切り落とされた」。

もちろんこれは歴史的な事実を語る物語ではなく、歴史的な真実を語る物語です。飼い葉桶と十字架は繋がっている。最も貧しく、最も汚れた飼い葉桶に寝かされた救い主は、犯罪者として十字架に磔にされて殺された救い主である。そのことを言いたいのです。そのお方は、私たちの罪のただ中にお生まれになり、その汚れを身に帯びて、ついにその罪の汚れをご自身の血によって洗い清めてくださる「救い主」「主」「メシア」だということ。そのことを、その短い物語は告げています。「アーメン」としか言いようがない話です。

キャンドルライト・サービス

私たちの教会では、十月からキャンドルライト・サービスの準備を始めます。私自身は、全体交流会が終わった九月に始めます。クリスマスには、教会学校の子どもたちの誰がいるのか、ページェントでは何の役をやりたいのかを確認します。またその年に洗礼を受けたあるいは受ける方は誰で、ページェントで何かの役をやってくれるかを確かめます。その上で脚本の原案を書き、劇で歌う曲が必要な場合は、その曲の原案を作ります。それから、スタッフの方たちと脚本を修正し、私の鼻歌を楽譜にしていただき、演奏陣が演奏の練習を始め、聖歌隊が歌唱の練習を始めていきます。CSの生徒も練習します。奏楽者も練習を始めます。また、裏方をやってくださる方が衣装や小道具、スクリーンの作成などの準備をしてくださいます。スクリーンに映す字幕や背景画の準備をしてくださる方もいます。そして、伝道委員の方たちが葉書やチラシを作成、茶話会の準備など多くの準備をしてくださる。当日は、照明係、ビデオ撮影係、設営と撤収……と、本当に多くの奉仕が必要なのです。そのようにして、多くの方たちが協力して一つの礼拝を作り上げていくことは大きな喜びです。そして、年に一回、最初から最後まで、子どもたちと一緒に礼拝を捧げることができることも大きな喜びです。

今年は、週報の報告にもありますように、百七十名を超える会衆と共に礼拝を捧げることができました。もちろん、礼拝堂には入りきりません。出席者の中で教会員は七十名余りですから、子どもを

（三）

含めれば百人前後の方をお迎えしての一大伝道礼拝となりました。ＣＳの子どもたちの家族や親族の多くの方が来てくださったし、教会員の家族や親族も来てくれました。私も子どもたちや姪や義姉、義妹、義理の母など六名の親族が集まり、嬉しいことでした。二十四日の夜から二十三日の夕方に日時を変更した当初は百人にもならない年もありましたけれど、今は、私たちの家族・親族・知人が毎年楽しみにしてくれる礼拝となって来たことを、共に喜びたいと思います。

今年のページェントでは、天使が羊飼いに「大きな喜びを告げる」場面で新しい曲を作りました。素晴らしい編曲者の手によって見事な和声がつけられ、伴奏譜もできました。聖歌隊も練習してくださり、十二月の礼拝後に二回、参加予定の方たちも練習しました。当日も、開始直前に着席をしている会衆と共に練習をしました。そして、天使の大軍が歌う場面では、百七十名全員で共に歌ったのです。これも本当に大きな喜びでした。まさに天使の大軍の歌のようになったのです。歌詞は、「天に栄光、神にあれ。地に平和、人にあれ」というものです。

天に栄光　地に平和

聖書には、「すると、突然、この天使に天の大軍が加わり、神を賛美して言った。『いと高きところには栄光、神にあれ、地には平和、御心に適う人にあれ』」とあります。

私は、この言葉を九月から何度も読み、メロディーをつけて繰り返し歌いつつ、この時の天使の大軍の気持ちはどういうものなのだろうと考え続けていました。そして、先週のクリスマス礼拝とキャンドルライト・サービス、また聖ヶ丘教会のクリスマス賛美礼拝で賛美しながら、次第に分かって来たように思います。

彼らは、驚きに満ちているのです。そして、喜びに満ちている。その驚きや喜びから賛美が溢れ出てきているのです。

マリアがエリサベトと会った時に、彼女は、エリサベトに宿っているヨハネが喜び踊ったことを知らされ、「主がおっしゃったことは必ず実現すると信じた方は、なんと幸いでしょう」と言われました。その時、彼女は神様の真実の愛、その憐れみを知らされて魂が揺さぶられ、その魂の底から賛美が湧き起こって来たのです。それと同じように、天使たちも神様のなさった業を見て、魂が揺さぶられたのだと思います。「私たちが仕える神様は、なんてことをなさるお方なのだろう！」と。その神様の心に燃え上がる憐れみの炎を間近に感じて、彼らも思わず賛美を捧げているのです。

マリアは、かねてから約束されていた罪の支配からの解放という、救済の御業をなさる神様を知らされたのです。そして、打ちのめされ、その魂の奥底から湧き起こって来る賛美を自ら聴きながら立ち上がり、献身していきました。

神様の憐れみに満ちた救済の御業は、神様ご自身が既にイスラエルの先祖、アブラハムに告げておられたことです。罪の赦しという祝福を「アブラハムの子孫」を通して全地に満たすという約束が、今こそ実現し始めているのです。また、そのアブラハムの子孫は、「ダビデの子」として生まれる。それも神様が既にお語りになっていたことです。その預言が、今、取るに足らぬ乙女である自分を通して実現していくことを知った時の驚きと喜びが、そこにありました。その驚きと喜びが、賛美を生み出すのです。

天使の大軍は、この時、神様の憐れみに満ちた救済の御業は、その初めから十字架の死を目指してのものであったことを知って驚き、喜び、賛美しているのだと思います。飼い葉桶は十字架だからです。同じ木から取ったものなのです。

（三）

I love you

聖ヶ丘教会の賛美礼拝で語られた説教の中で、I love you をどのように訳すかを巡って一つの逸話が語られました。I love you は、「わたしはあなたを愛しています」という意味ですが、そのことを最も深く解釈したのは二葉亭四迷だと言われているのだそうです。彼は、I love you を「死んでもいい」と訳したのだそうです。「わたしはあなたを愛しています」とは、「わたしは、あなたのために死んでもいい」ということなのだ。本当かどうかは分かりませんが、彼はそう訳したようです。

説教者は、神様の愛はそういうものであり、神様がその独り子を生まれさせた、それも飼い葉桶に生まれさせたとは、その愛の現れなのだと語りました。これもまた、アーメンと言う他にないことです。

天使の気持ち

天使の大軍は、自分たちのリーダーである天使が代表して羊飼いに近づき、大いなる喜びを告げた瞬間、もう我慢することができずにダーッと地上に降って来たのです。もう天上に留まることができなかったのです。そして、一気に降って来て、羊飼いたちの前で、「いと高きところには栄光、神にあれ、地には平和、御心に適う人にあれ」と大合唱をしたのだと思います。

「この『飼い葉桶』にこそ、天において称えられるべき神の栄光があるのだ。そして、この飼い葉桶に寝かされているお方を『救い主・メシア・主』として信じ受け入れる者にこそ平和があるのだ。信じて欲しい」。

彼らは、そう告げざるを得なかったと思います。

平和

何故なら、彼らが言う「御心に適う人」に与えられる「平和」とは、主イエスを信じることで罪を赦された者たちに与えられるものだからです。飼い葉桶の救い主を信じるとは、十字架の主イエスをメシア、救い主と信じることなのです。そして、このメシア、王の支配に服して生きるところにこそ真の平和があるからです。戦争がない状態のことを平和と普通は言いますが、その平和は戦争によって作りだされ、そして戦争によって壊される平和です。しかし、天使が言っている平和はそういう平和ではありません。神様が、御子を通して、人間を滅ぼす罪と死の力に勝利してくださったことによってもたらされた永遠の平和です。その平和は、信じる者に与えられるのです。その驚くべき恵み、

（三）

大きな喜びを、天使の大軍は大きな声で賛美しつつ告げているのです。そして、その賛美は、礼拝が捧げられる時、いつでも捧げられているのです。

天使と共に

私たちは今、その天使の賛美の声に包まれながら、私たち自身もその賛美に和して、神を賛美する者でありたいのです。

「神様、あなたの憐れみはなんと強く深いのでしょうか?!　あなたは御子をさえ惜しまずに、飼い葉桶の中に遣わしてくださいました。そこは罪の汚れが詰まった所です。私たちの罪の現実そのものです。そこに御子はお生まれくださり、私たちすべての民の罪をその身に負うて、ついに十字架に磔にされて死んでくださいました。そして、復活してくださいました。そこにあなたの愛があります。私たちの救いがあります。主よ、信じます。感謝します。私たちには今、平和が与えられました」。

そう言って賛美を捧げたいと思います。

洞窟の中から始まる大きな喜び

洞窟の中の飼い葉桶に布にくるまれて寝かされた主イエスは、十字架の上で死んだ後、全身に血糊がついた体を布にくるまれて洞窟の墓の中に寝かされました。しかし、それで終わりではありませんでした。主イエスは、復活させられたのです。その時、やはり天使が女たちに現れて（近づいて）、「なぜ、生きておられる方を死者の中に捜すのか。あの方は、ここにはおられない。復活なさったのだ」と告げました。

女たちは信じた。しかし、弟子たちはそのことを信じることができませんでした。彼らは、「あなたと一緒に死にます。あなたを知らないなどと言いません」と口々に言っていたのに、恐れに捕らわれて逃げ、隠れたのです。そして、女たちを通して伝えられる天使の言葉を信じることができなかったのです。

彼らの内の二人は、その不信仰に落ちたまま故郷に帰ろうとしました。しかし、主イエスはその二人の弟子たちに近づいて来て、メシアが苦難を受けた後に復活の栄光に与ることは、旧約聖書に記されている神様の約束の実現であることをお語りくださったのです。そして、彼らと共なる食卓で、賛美の祈りを唱えた上でパンを裂いてくださったのです。その時、彼らは目の前におられる方が復活の主イエスであると分かった。そして、再び弟子となり、さらに使徒となるべくエルサレムに帰っていきました。

そこには、やはり復活のイエス様と出会ったペトロを初めとする弟子たちが集まっていました。その時、彼らの真ん中に復活されたイエス様がお立ちになって、弟子たちにこう言われたのです。

「あなたがたに平和があるように」。（ルカ二四・三六）

主イエスは、不信仰だった弟子たちの罪を赦してくださったのです。「平和」とは、その意味です。そして、彼らに悔い改めを与え、彼らを全世界に罪の赦しを得させる福音を宣べ伝える証人として造り替えてくださったのです。

その上で、主イエスは、彼らを祝福しながら「天に上げられて」行きました。主イエスが元々おられた栄光に包まれた天に上げられて行った。弟子たちは、その昇天の主イエスを見つつ「イエスを伏し拝んだ後、大喜びでエルサレムに帰り、絶えず神殿の境内にいて、神をほめたたえていた」のです。それがルカによる福音書の最後の言葉です。

（三）

ここに出て来る「大喜び」とはカラス　メガレースという言葉です。それは、天使が羊飼いたちに告げた「大きな喜び」と同じ言葉です。弟子たちは、主イエスを信じる信仰を貫くことができなかった弱く惨めな罪人です。皆が皆、主イエスを裏切り、逃げたり、隠れたりして、その上で、絶望して故郷に帰ろうとした人々です。皆、私たちと同じ人間です。しかし、その惨めな弟子たちの罪を、主イエスはその十字架の死によって贖い、復活を通して新しい人間に造り替えてくださったのです。その驚くべき恵みを知った「大きな喜び」、それがこの時の弟子たちにはあります。そして、その喜びに勝る喜びは他にありません。その驚きと喜びから、彼らの賛美は生じるのです。

礼拝は、クリスマスに限らず、その「大きな喜び」が告げられる時です。そして、その喜びを知った時、私たちはもう賛美の声を上げる以外にないのではないでしょうか。天使の大軍と共に、「いと高き所には栄光、神にあれ。地には平和、御心に適う人にあれ」と。これこそ、御子のご降誕を祝うクリスマスの賛美であり、それは受難と復活、そして昇天を感謝し祝う賛美です。

今年も、その賛美を捧げる礼拝を一緒に捧げ続けることができた幸いを、神様に感謝したいと思います。そして、今、病院や施設やご自宅で、この会堂における礼拝を思い、祈りを合わせている兄弟姉妹に豊かな祝福がありますように、共に祈りたいと思います。

聖なる御父

御名を崇め、感謝し、賛美いたします。この降誕節第一主日礼拝、また二〇一〇年の最後の主日の礼拝、こうして私どもを御前に集めてくださいまして、あなたが告げ知らせてくださいます大きな喜びを今日も一緒に聴くことができました。また聖霊の注ぎの中に、その告知を信じることができました。心から感謝し、あなたの栄光を賛美いたします。私どもは御子主イエス・キリストを通してまことの平和を与えていただきました。御神様どうぞ平和の子として、これからもまた、導きを受け続けることができますように、一週ごとの礼拝と、そこにおける御言と聖霊とを与え続けてください。

御神様このとき、この中渋谷教会の礼拝堂で共に礼拝を捧げたいと願いながら、しかしそのことが叶わない兄弟姉妹が何人もおります。病院、施設、ご自宅、あるいは旅先、そのお一人おひとりが、今このとき等しくあなたの聖霊の注ぎの中に置かれて、大きな喜びを知らされ、信じ、賛美することができますように、望みをもってまた新しい年への歩みを始めることができますように祝福してくださいい。一言の祈りを主イエス・キリストの御名を通して御前にお捧げいたします。アーメン。

（二〇一〇年十二月二十六日）

神をあがめ、賛美しながら帰った

ルカによる福音書二章八―二一節

幸い

先週の新年礼拝では、詩編一編をご一緒に読みました。その説教において、「幸い」に関して詩編一編とルカによる福音書の共通点を見ました。そして、私は聖書に出会ったことの幸いに関して、個人的な思いを少し語らせていただいたのです。聖書に出会ったことの幸いについては、語り出せば切りがないという思いもあります。今日も、そのことについて少し語ることから始めさせていただきたいと思います。

詩編一編で語られる「幸い」とは、神の教え、つまり神の言を「昼も夜も口ずさむ」ようにして生きる人間の幸いでした。そのようにして生きる人は、「流れのほとりに植えられた木が、時が来れば葉を茂らせ、実を結ぶように」、いつの日にか、必ず繁栄が与えられるのです。ルカによる福音書では、その繁栄とは神の国に招き入れられる幸いのことでした。それは、死後の天国という意味だけでなく、信仰において生き始める神と人との愛の交わりの深まりでもあります。

今、「交わりの深まり」と言いました。人間関係をとってみても、深まる関係と深まらない関係があります。ある程度まで深まることによって、途切れる関係もあります。長い時間の経過の中で徐々に交わりが深まっていく。そういう関係もある。互いの間に交わされる言葉が真実であるか否かが、交わりが継続するか否か、また交わりが深まっていくか否かの違いを生み出す一つの要因だろうと思います。言葉の真実とは、その言葉が心から出てくる言葉であるかどうかでもありますが、その心が真実でなければそこから出てくる言葉も真実ではあり得ません。

憐れみ　真実の愛

ルカによる福音書で既に何度か出てきた言葉の中に、「憐れみ」という言葉がありました。マリアの賛歌の中に、「その憐れみは代々に限りなく、主を畏れる者に及びます」「（主は）その僕イスラエルを受け入れて、憐れみをお忘れになりません」とあり、ザカリアの預言（賛美）の中にも「主は我らの先祖を憐れみ、その聖なる契約を覚えていてくださる」とありました。この「憐れみ」は、ギリシア語でエレオスと言います。そのエレオスは旧約聖書では、神様がイスラエルと結んだ契約に基づく愛を表すヘセドというヘブル語にあたります。

その愛は、真実の愛なのです。何故なら、神様は契約を決して忘れない、覚えていてくださり、約束を破ることがないからです。「私はあなたを愛している。私はあなたの神だ」と神様がおっしゃれば、それは神様の心から出てきた言葉であり、その言葉は必ず現実となる、出来事となるのです。それは、その言葉が口先だけの言葉ではないからだし、不真実な心から出てきた言葉でもないからです。

この真実の愛、「憐れみ」を、主の言葉を聴いて信じることができる時、その人と神との間の愛の交わりは深くなっていきます。そして、その人も真実の言葉を使う人間に次第に造り替えられていく希望があるのです。そして、そういう真実な言葉のやり取りをしている人間同士の愛の交わりは深くなっていくでしょう。

（三）

真実な言葉と出会う幸い

私たち人間にとっての幸い、それは真実な言葉と出会うことにあると思います。「これは本当の言葉だ」と確信を持って言える言葉に出会う。その出会いがあれば、生きていける。そう思います。「真実な言葉との出会い」とは、「真実な言葉を語る方との出会い」だからです。聖書との出会いの喜び、聖書と出会うことの幸い、それは真実な言葉との出会いだし、真実な愛で愛してくださる神様と出会う喜びであり、幸いです。何かの名言、名句に出会って座右の銘とする喜びとかいうものとは、全くの別物です。

人間は、信じるものが何もない時、深い絶望に覆われていく存在だと思います。他人も自分も信じることができない。それは皮肉なことに、真実を求めて生きていく時にこそ、誰もが突き当たる現実だと思います。その時にこそ、私たち人間には、真実な愛などないことが分かるからです。しかし、その不真実な者を真実な愛で愛し抜いてくださるお方がいる。そのことを、聖書の言葉を通して知り、信じることができる時、私たちは絶望から解放され、喜びと感謝と賛美に溢れた歩みを始めることができるのです。それは、私自身の確信をもって言えることです。

羊飼い　嘘つき

真っ暗な夜、羊を襲う獣や羊泥棒を警戒しつつ、代わり番こに寝ずの番をしている羊飼いがいます。彼らは、社会の最底辺に生きる人々であり、神からも見捨てられたと思われており、人からは軽蔑されていた人々です。一説によると、羊飼いは「嘘つき」の代名詞でもあったようです。羊を盗むのは、他の羊飼いだからかもしれませんが、日本でも、「貧乏人の言うことなど信じない」という風潮はあったし、今もあるように思います。地位も名誉もある人は、滅多なことでは嘘はつかないはずだ。そう思っているのでしょう。しかし、地位も名誉も金も家も家族もないような人は、平気で嘘をつくものだ。だから信用できない。そう思っている場合が多いと思います。事実はまるで違って、嘘をつき続けることで地位や名誉を持った人だっているでしょうし、嘘をつかないが故にそれらのものを持てないケースもあるでしょう。そして、誰だって多かれ少なかれ嘘はついているものです。しかし、いつの時代も、この時代の「羊飼い」に象徴されるような人々がいるものです。

（三）

天使の告知と賛美

しかし、その羊飼いに主の天使が近づき、「民全体に与えられる大きな喜びを」告げたのです。その内容は、前回の礼拝で語りましたから、今日は繰り返しません。主から遣わされた天使が羊飼いたちに大きな喜びを告げ終わった途端、天の大軍が加わって、「いと高きところに栄光、神にあれ、地には平和、御心に適う人にあれ」と神様を賛美したとあります。前回は、この天使の大軍の心について思いを馳せました。彼らは、自分たちが仕えている神様の真実の愛に心打たれて、もはや天に留まっていることができずに、一斉に地上に降って来たのでしょう。そして、声高らかに神の栄光を賛美し、地に平和が到来したことを宣言したのです。

飼い葉桶は十字架に直行する。最も低き所に生まれたお方は、最も惨めな所で死ぬ。そのようにして、罪人を救う救い主はメシアとなられ、天に上げられて主となられる。そこに、神の栄光が現れる。そのことを信じる者たち、つまり、御心に適う者たちには永遠の平和が与えられる。そこに現される神様の憐れみ、真実の愛を、天使の大軍は賛美し、その賛美において伝道したのです。

見ることができる言葉

天使たちが離れて天に去ったとき、羊飼いたちは、「さあ、ベツレヘムへ行こう。主が知らせてくださったその出来事を見ようではないか」と話し合った。

（ルカ二・一五）

原文では「今こそベツレヘムへ行こう、そして、見よう出来事を」とあり、その出来事に続いて、「主が私たちに知らせてくださった実際に起こったこと」と続きます。「出来事」と「起こったこと」と似たような言葉が一つの文章に出て来て、ちょっとくどいのです。そして、彼らが「見よう」と言っている「出来事」、これはレーマという言葉で、しばしば「言葉」「語ったこと」と訳されるものです。だから、「今こそベツレヘムに行こう、そして、見よう。主が知らせてくださり、実際に起こった言葉を」とも訳せます。

言葉が出来事となる。言葉が現実となる。見ることができる言葉。それこそ、信じるに足る真実な言葉でしょう。私たちが毎日、言ったり聞いたりする言葉の中に、そのように真実な言葉は滅多にないと言って差し支えないと思います。

聖書において最初に出てくる言葉、それは神様の言です。そして、それは「光あれ」です。闇が覆っている世界に、神が「光あれ」と語りかけた。すると何が起こったのか。「こうして、光があった」。これが、主なる神の発する言です。言葉が言葉だけでは終わらない。言葉が出来事となる、現実となる。それが神の言、真実の言葉、信じるべき言葉、そして人を生かす言葉です。

羊飼いは、これまでの生涯の中で初めて、そういう主の言を聴いたのです。どうして胸が弾まないはずがあろうかと、思います。これは、彼らにとって言葉に衝き動かされる初めての経験でしょう。彼らは、主の言に衝き動かされて「急いで行き」ました。そして、「マリアとヨセフ、また飼い葉桶に寝かせてある乳飲み子を探し当て」ました。つまり、天使が話してくれた言葉どおりのことがそこにあったのです。

（三）

知らされたように知らせる羊飼い

その光景を見て、羊飼いたちは、この幼子について天使が話してくれたことを人々に知らせた。

（ルカ二・一七）

「その光景」は意訳で、語の順で訳すと「彼らは見た、そして知らせた。言葉を（あるいは出来事を）、彼らに語られた、その子に関する」となります。ここでも、レーマという言葉が出てきます。天使が語った言葉を彼らは見て、天使が彼らに知らせたように彼らも人々に知らせたのです。「その光景」と訳されている言葉がレーマ、言葉です。そして、それは一五節の「主が知らせてくださったその出来事（言葉）」のままだったのです。それを見た羊飼いが、天使を通して主が知らせてくださったその出来事（言葉）を人々に知らせる者たちとされたのです。嘘つきの代名詞とも言われる羊飼いたちが、今や、主の言を伝える器にされている。

不思議に思う　驚き

「聞いた者は皆、羊飼いたちの話を不思議に思った」とあります。「不思議に思う」とは、奇跡を目の当たりにした人々の恐怖に似た驚きを表す言葉としてしばしば使われます。暴風や大波で荒れ狂うガリラヤ湖をイエス様がひと声で鎮めてしまった時、弟子たちは、「恐れ驚いて、『いったい、この方はどなたなのだろう。命じれば風も波も従うではないか』」と互いに言いました。その時の「驚き」。あるいは、男の子にとりついて離れない悪霊を叱り、その子を悪霊から解放された時、「人々は皆、神の偉大さに心打たれた」とあります。この「心打たれる」も「不思議に思う」（サウマゾー）と同じ言葉です。

羊飼いの語る言葉を聞いた人々は皆、そこに神様の働きがあることを感じた。それは確かでしょう。しかし、その後、彼らがどうなったかは分かりません。それ以上の反応については書かれていないのです。彼らは、聞き、不思議に思っただけで終わったのかもしれません。そういうことだって、いくらでもあります。

心に納め　思い巡らす

しかし、マリアはこれらの出来事をすべて心に納めて、思い巡らしていた。（ルカ二・一九）

「心に納め」とは「堅く守る」という意味の言葉です。そして、「思い巡らす」は、日本語の語感よりもうちょっと激しく心の内で葛藤するというか、議論を戦わせる。一体、この出来事は何なのかと

（三）

激しく考えることです。ルカによる福音書一四章三一節に、「どんな王でも、ほかの王と戦いに行こうとするときは」という文章があります。その「戦いに行く」の中に、ここで「思い巡らす」と訳されたスムバローという言葉が入っています。そういう激しさを伴う言葉なのです。

そして、ここに出てくる「これらの出来事」も、レーマ「言葉」の複数形です。羊飼いが語った言葉のことでもあり、それはそのまま天使を通して主が語った言です。そして、それはマリアにしてみれば、語られたとおりに自分の体を通して実現している出来事です。また、今、目の前に天使の言葉に衝き動かされた羊飼いが来ており、天使が語ったとおりの出来事を見て、天使から知らされたように、今度は彼らが人々にその言葉、その出来事を知らせている事実。それらすべてを含めて、マリアは「心に納めて、思い巡らしていた」のです。

そのマリアは、イエス様の復活後、弟子たちに混ざって聖霊の降臨を熱心に祈り求める女性となっていました。自分が産んだ子を、救い主、メシア、主と信じる人間になったのです。そこにどれだけの激しい葛藤があったかは、想像を絶することです。

律法の定めの実現

羊飼いたちは、見聞きしたことがすべて天使の話したとおりだったので、神をあがめ、賛美しながら帰って行った。

八日たって割礼の日を迎えたとき、幼子はイエスと名付けられた。これは、胎内に宿る前に天使から示された名である。（ルカ二・二〇―二一）

初めに二一節の方から見ておきます。ここで言われている一つのことは、イエス様は当時の敬虔な信仰を持ったユダヤ人の家庭に生まれ、律法の定めのとおりに割礼が施されたということです。生後八日目に男児には割礼を施す。これはアブラハムに遡るとされ、ユダヤ人の律法に定められたことです。

天使の言葉の実現

もう一つ言われていることは、「主は救い」を意味するイエスという命名は、受胎告知の時に天使ガブリエルがマリアに告げていたことで、その天使の言葉どおりにマリアたちは行ったということです。ここでも原文では天使がイエスと名付けたようにイエスと名付けられたとあって、天使の語った言葉がそのまま出来事となった、現実となったということを強調しているのです。

律法の言葉にしろ、天使の言葉にしろ、それは主の言なのですから、その言が実現していく、出来事となっている様を、この箇所は描いているのです。

（三）

マリアにとっての言葉　出来事　賛美

羊飼いたちは、まさに「見聞きしたことがすべて天使の話したとおりだったので、神をあがめ、賛美しながら帰って行き」ました。

今日の箇所には、「出来事」でもあり、語られた「言葉」でもあるレーマという言葉と、「話す」ことを意味するラレオーという言葉が何度も出てきます。天使が話したこと（言葉）を、羊飼いが話す。天使が話したとおりのことが出来事となっているのを見て、羊飼いたちが神をあがめ、賛美しつつ帰っていく。この八節から二一節は、徹底的に「言葉」と「出来事」にこだわった箇所なのです。

主の言は出来事となるのだ。まずは、そのことが高らかに宣言されていると思います。そして、その出来事としての言葉に出会った時、驚く人々とその言葉に衝き動かされて行動する人々と、心深くにその言葉（出来事）を留め、激しく考え続ける人がいる。羊飼いは行動し、そのことで神をあがめ、賛美する人間となっていったのです。

しかし、思い返してみると、マリアもそうでした。受胎告知の時、マリアは天使からこう言われたのです。

「あなたの親類のエリサベトも、年をとっているが、男の子を身ごもっている。不妊の女と言われていたのに、もう六か月になっている。神にできないことは何一つない」。

（ルカ一・三六―三七）

この場合の「こと」も、原文ではレーマですから「すべての言葉が神には不可能なことではない」とも訳せます。

そして、この言葉を聴き、「お言葉どおりこの身に成りますように」と献身したマリアは、早速エリサベトに会いに行きました。その時、エリサベトはマリアにこう言ったでしょう。

「主がおっしゃったことは必ず実現すると信じた方は、なんと幸いでしょう」。（同一・四五）

この「おっしゃったこと」は、今日の箇所で四回も出てくるあのラレオーです。エリサベトによって、主がおっしゃったことは必ず出来事となると信じることの幸いを告げられたマリアは、羊飼いに先んじて、声高らかに神をあがめ、賛美を捧げました。そして、人々の疑いと蔑みの目にさらされるナザレの村に帰っていったのです。しかし、全く別人となって帰って行ったのです。

羊飼いたちにとっての言葉　出来事　賛美

羊飼いたち、彼らもまたしんしんと冷える夜の闇の中、夜明けに至るまで代わり番こに羊の番をする苛酷な現場に帰って行きました。人々の蔑みの目にさらされる羊飼いであり続けたのです。しかし、

（三）

マリアも羊飼いも、主の言の真実を知る前と後では別人にされていました。心の奥底から湧き出る賛美を捧げる人間になっていたからです。

この説教の準備をする上で、私はいつものように幾人かの牧師の説教を読みました。大抵は、私の先生とか大先輩の説教を読むのです。説教が本になっているのは、多くは著名な牧師のものですから、そういう牧師の説教を読むことになります。でも、最近は教会の礼拝で語られたごく普通の牧師の説教をインターネットで読んだり、聞いたりすることができる時代です（中渋谷教会の礼拝説教もいつでも読めますし、一か月以内なら聴くことができます）。

先日、昨年の四月に神学校を卒業したばかりの若い牧師が、地方の教会でルカによる福音書の説教をしていることを思い出して、久しぶりに読んでみました。それは、私の若い頃など比較にもならぬ素晴らしい説教で本当に驚きましたし、何よりも嬉しかったです。その牧師が、説教の最後で、この時の羊飼いがどんな賛美をしながら帰って行ったかを想像しています。「想像している」と言っても、あれこれ想像するわけではなく、極めて単純に、羊飼いたちは天の大軍の賛美を歌いながら、厳しい現場に帰って行ったのではないか？　という想像です。「マリアの賛歌」のような旧約聖書の言葉がちりばめられた立派な賛美歌ではない。たった二行のあの言葉、

「いと高きところには栄光、神にあれ、
地には平和、御心に適う人にあれ」。（ルカ二・一四）

この言葉を、彼らは真っ暗な夜、底冷えがする夜、羊たちを引き連れながら大きな声で歌いつつ、あの現場に帰って行った。私は、その様を思い浮かべつつ本当に胸が熱くなりました。

キャンドルライト・サービス

昨年のクリスマスのキャンドルライト・サービスで、この言葉に曲をつけて出演者、聖歌隊、そして会衆一同で繰り返し賛美をしました。その時も、心の底からの喜びを感じました。でも、毎年、ページェントでは、「さあ、ベツレヘムに行こう。主が知らせてくださったその出来事を見ようではないか」というセリフが羊飼いの最後の台詞なのです。それまでの登場人物が、赤ん坊のイエス様を中心にして「きよしこの夜」を歌う場面で終わります。その後は、それがページェントの定番の終わり方だし、マタイによる福音書とルカによる福音書の登場人物を全部出すためには、そのようにして終わらなければなりません。だから、私は「神をあがめ、賛美しながら帰って行く」羊飼いについて、これまであまり注目してこなかったのです。でも、若い牧師の説教を読んだ時に、夜の闇の中を歌いながら帰って行く羊飼いたち一人ひとりの顔の輝きまで思い浮かべることができて、胸が震えました。

私たちの代表としての羊飼い

羊飼いは、私たち人間の一つの代表です。嘘をつくという意味で。その言葉が偽りである場合があるという意味で。私たちの口は汚れていています。嘘をつきたくなくてもついてしまうのです。富を求めて、また自分を守るために、また嫌いな人間を陥れるために、傷つけるために。そして、ペトロのように「あなたとなら一緒に死にます」と言いつつ、数時間後には「あの人のことは知らない」と言って逃げていく。私たちの言葉は不真実です。

ここで羊飼いが「賛美する」と訳されたアイネオーという言葉は、ルカによる福音書では三回しか出てきません。そのうちの二回が、今日の箇所です。

すると、突然、この天使に天の大軍が加わり、神を賛美して言った。
「いと高きところには栄光、神にあれ、
地には平和、御心に適う人にあれ」。
（ルカ二・一三―一四）

羊飼いが「賛美しながら帰る」は、天使の口から出る「賛美」と同じです。人間が、真実に神を賛美できるのです。この汚れた唇が清められ、神を賛美し、神の言を語ることができるのです。こんなに幸いなことはないでしょう?!

真実な言葉を語れる喜び

私たち人間は、真実な言葉に出会いたいのです。そして、真実な言葉を聴きたい。そして、真実な言葉を語りたい。嘘偽りのない真実な言葉を聴き、そしてその言葉によって生じる現実や出来事を見、そして語りたいのです。私にとっては、それは聖書の言葉を聴き、それが実現する様を見、そして語ることです。

他人を引き合いに出すのは気が引けるので、自分のことを語りますが、私が若い頃からずっと真実の言葉を求めているのは、自分に真実の言葉がないからです。だから苦しいし、だから空しいし、だから悲しいのです。愛や信頼の言葉を素直に言えないし、素直に聞けない。人に真実な愛などない、と思っているからです。そういう私にとって聖書の言葉、そこに出てくる神の言、イエス様の言、それだけが真実な言葉です。出来事となるからです。神様が「光あれ」とおっしゃれば「光がある」のです。イエス様が、「わたしはよい羊飼い。よい羊飼いは羊のために命を捨てる」とおっしゃれば、それは出来事となるのです。そして、「わたしを信じる者は死んでも生きる。生きていてわたしを信じる者はだれも、決して死ぬことはない」とおっしゃれば、信じた者にとってそれは出来事となる、現実となるのです。私がキリスト者として生きている、牧師として生きている、喜んで感謝して、賛美して生きている。それは目に見える現実です。主の言を信じたから、今もこうして皆さんと礼拝を捧げているし、その中で主の言を語らせていただいているのです。これも目に見える現実です。主の言が引き起こした現実です。皆さんも、同じです。礼拝者は、主の言が造り出す存在だからです。

だから、この言だけは信じて語ることができます。真実な言、救いの出来事を引き起こす言だからです。そういう言と出会うことの喜びに勝るものはないし、そういう言を私のような人間が語ることができる喜びに勝るものはありません。

（三）

羊飼いの喜びもそこにあるでしょう。もちろん、最も貧しき者、神に見捨てられた者とされていた自分たちに、真っ先に「民全体に与えられる大きな喜び」が伝えられた喜びがあるでしょう。しかし、それだけではない、天使の口と同じように、自分たちも神の言を語ることができる、賛美の言葉として語ることができる。その喜びがあるのです。真実な言葉を見聞きして信じた時、人はこういう真実の言葉を天使と共に語ることができるようになるのです。その喜びは、よく分かります。

彼らが帰って行く現場、それは厳しいものです。ローマの皇帝がおり、その下にローマの総督がおり、さらにヘロデ大王がおり、彼の家来がいる。そして、過酷な税の取り立てがあり、差別と抑圧と人殺しがある世界です。その世界の最底辺に、彼らは帰って行きます。でも、その最底辺から、天にある神の栄光を賛美し、地に到来した平和を宣言するのです。富や名誉によって保証される平和ではない。神の愛によって与えられる平和です。

信じる私たちは、今日もその平和を与えられるのです。主の十字架の死と復活を通して与えられた平和を、です。だから神様を賛美しましょう。そして、賛美しつつ各々の現場に帰りましょう。これほど大きな喜びはないのです。

聖なる父なる御神

御名を崇め、賛美をいたします。今日もまた新たに、あなたの憐れみの中に私ども一人ひとりを置き、その名を呼び、この礼拝堂に集めてくださり、あなたの方から私どもに近づき、その御言を、真実の言葉を、今日も語りかけてくださいました。あなたの聖霊を与えられることによって、私どもはあなたの言葉を真実な言葉として信じることができ、その信仰によって生きることができますことを心から感謝いたします。あなたの憐れみの中にこの信仰が与えられていなければ、私どもは嘘と偽りを重ねて、虚しく、悲しく、ついに望みなき人生を、ただ肉体を養うのみであります。そして死を待つだけです。

恵みによって信仰から信仰へと、望みから望みへと、愛から愛へと造り替えられていくことができますことを感謝いたします。なお信足らず、意志も弱く、あなたの御心を悲しませることが多いことを思いますけれども、あなたの恵みは罪の増し加わるところになお一層、増し加わることもまた事実であり、そのことを信じて感謝をいたします。

どうぞまた、あなたの憐れみの中に私どもを置き続けてください。そしてあなたを賛美する者として世に派遣してください。主の御名によって祈ります。アーメン。

（二〇一一年一月九日）

お言葉どおり

ルカによる福音書二章二二―四〇節

お言葉どおり

今日の箇所は、新共同訳聖書の区切りで言うと、神殿を舞台とする二二節からが新しい段落となります。それも一つの理解です。でも、律法の言葉であれ、天使の言葉であれ、聖霊が告げる言葉であれ、すべてが神の言です。その言葉どおりに事が進んでいるという視点から言うと、二一節のイエス様の割礼や命名から、新しい段落が始まっていると言ってもよいだろうと思います。

ルカは、「わたしたちの間で実現した事柄について、順序正しく書く」と言って、この福音書を書き始めました。そのルカが言いたい一つのこと、それはシメオンの言葉を借りるなら、すべてが「お言葉どおり」に進んでいるということです。つまり、この世の支配者が歴史を動かしているように見えつつ、実際には、主がお語りになったとおりに進んでいる。その事実を見ることができる者は幸いだ。その人たちは、「見聞きしたことがすべて天使の話したとおりだったので、神をあがめ、賛美しながら帰って行った」羊飼い同様に、神様をあがめ、賛美することができる。ルカによる福音書は、その幸いを告げていると思います。

真に人　真に神

生後八日目の男子に割礼を施すことは、旧約聖書の律法に記されているとおりのことです。そして、イエスと命名することは、天使がマリアに語ったとおりなのです。両方とも神様の言葉が実現している様が描かれています。

しかし、それだけではありません。イエスとは「主は救い」を意味する名前です。当時のユダヤ人の中ではよくある名前だそうです。珍しくもなんともない。しかし、この方は、天使がマリアに告げた言葉によれば、「偉大な人」となり、「いと高き方の子」となり、「神である主」によって「ダビデの王座」が与えられ、「永遠にヤコブの家を治め」「神の子と呼ばれる」ことになります。また、羊飼いに現れた天使によれば、「救い主」であり、「主」「メシア」なのです。つまり、人間なのだか神なのだかが、よく分からない。後に形成されていく神学の言葉で言えば「真に神、真に人」です。しかし、聖書の時代は、そういう洗練された言葉はありません。神のようで人のようで、人のようで神のようなのです。

しかし、神の子、救い主、主、メシアと呼ばれる方が、ここでは敬虔なユダヤ人の誰もが守っている律法の規定に従って割礼を受け、人間が持つ固有名詞を与えられているのです。そして、イエス様の両親は律法の定めに忠実な人々であり、すべて律法の定めに従っているのです。二二節から四〇節

（三）

までの間に、「律法」という言葉が五回も出てきます。三九節がその締めくくりで、「親子は主の律法で定められたことをみな終えたので、自分たちの町であるガリラヤのナザレに帰った」とあります。つまり、この段落は律法の定めにイエス様の両親が従ったことが枠になっています。

その後に、「幼子はたくましく育ち、知恵に満ち、神の恵みに包まれていた」と続いています。こうなりますと、イエス様は完全に人間です。神様の語った言葉どおりに事が進むとは、一面では、人間をはるかに超越している神の子であり救い主であるお方が、真の人間として肉をとり、律法に定められたしきたりの中に生きることなのです。

律法の定め

律法の内容について、少しだけ触れます。「彼らの清めの期間が過ぎた時」とは、主に母親の清めのことです。男児を出産した女性は、四十日間は汚れたものとされて神殿の出入りが禁じられたり、聖なる物に触れたりすることが禁じられています。しかし、それは産後の女性が「家にとどまる」ことも意味します。言ってみれば、産休の制度なのです。レビ記に記されています。

そして、「初めて生まれる男子は皆、主のために聖別される」とは、出エジプト記や民数記に記されていることですが、最初の子を主に捧げることを通して、子とその命は主のものであることを認めるためです。そのことを表すために小羊一頭、貧しければ鳩一つがいを生贄として捧げる。その上で、自分の子として育ててよいことになる。律法の精神は、イスラエルに与えられる子はすべて主のものだということです。それだけ尊い存在なのです。親が自分勝手に育てたり、売り払ったりしてはならない。子を、主のものとして大切に受け取り、主の教えを教えつつ育てる。それ故に、父母は敬われなければならないのでもあります。

「山鳩一つがいか、家鳩の雛二羽をいけにえとしてささげるため」に、エルサレム神殿にやって来るイエス様の両親は貧しかったことが、この記述から分かります。貧しいけれど、律法の定めには忠実に従った。そういう人々です。そういう人々の長男として、イエス様はこの世に生を受けたのです。それが、今日の箇所で言われているもう一つのことです。

慰めを待つシメオン

しかし、それだけではない。

「そのとき、エルサレムにシメオンという人がいた」とあります。彼は「正しい人で信仰があつく、イスラエルの慰められるのを待ち望み、聖霊が彼にとどまっていた」。

「慰められる」とは、「救われる」の意味と言ってよいと思います。特に、この言葉との関連で思い起こすのは、イザヤ書四〇章の言葉です。そこは、罪に対する罰として、長くバビロンに捕囚されていたイスラエルの民に、神様が預言者を送り、その預言者を通して民に語りかけた言葉が記されています。

（三）

「慰めよ、わたしの民を慰めよと
あなたたちの神は言われる。
エルサレムの心に語りかけ
彼女に呼びかけよ
苦役の時は今や満ち、彼女の咎は償われた、と。
罪のすべてに倍する報いを
　主の御手から受けた、と。

呼びかける声がある。
主のために、荒れ野に道を備え
わたしたちの神のために、荒れ地に広い道を通せ」。
（イザ四〇・一―三）

後半の言葉は、イエス様の先駆者である洗礼者ヨハネの登場の際に引用される言葉です。罪に対する裁きを超えて与えられる救いが、「慰め」という言葉で表現されています。信仰深いシメオンは、そういう「慰め」を待ち望む人でした。

見る（1）

その彼には聖霊がとどまり、「主が遣わすメシアに会うまでは決して死なない、とのお告げを聖霊から受けていた」のです。「会う」は「見る」という言葉です。この文書を直訳すると、「主からのキリストを見る前には死を見ることはないと、聖霊から示されていた」です。主からのキリストを「見る」ことと死を「見る」ことが並行して書かれている。その意味は深い、あるいはそこにある慰めは深い。そう思います。

その点は最後にまたかえることにして、今は先に進みます。そのシメオンが、聖霊の導きによって、神殿の境内に入って行く。その時、「両親は、幼子のために律法の規定どおりにいけにえを献げようとして、イエスを連れて来た」のです。シメオンは聖霊の導きによって、両親は律法に従って、それぞれ神殿の境内に入って来た。そこには、大勢の人がごった返していたでしょう。

毎週百人ほどの人が集まる中渋谷教会でも、礼拝に来たすべての人の顔を見る訳ではありません。私は見るという意味では、講壇の上からお顔を見てはいますが、すべての人と目と目を合わせてご挨拶ができる訳ではありません。皆さんは、さらにそうでしょう。知った者同士だってそうです。まして、エルサレム神殿に来る人は、たとえば明治神宮などに多くの人が集まるように来る訳ですから、互いに名も知らぬし、顔も知らない。ヨセフとマリアのように子どものための「宮参り」に来る人も大勢います。しかし、聖霊に導かれて神殿に来たシメオンは、そういう人混みの中で、イエス様の両親の姿を見たのです。そして、まっすぐに近寄って行き、多分マリアの腕に抱かれていたイエス様に手を差し出した。マリアは、初対面の人、恐らく老人であったシメオンのその異常とも言える行動に対して、多少の困惑を覚えつつも、大切な自分の子を差し出した。

（三）

マリアの行為は、本来なら、神殿に仕えている祭司に対してすることでしょうが、祭司はここには一切登場しません。彼らが登場するのはずっと後、イエス様を殺す場面です。真っ先にイエス様を神の子、救い主として受け止め、神を賛美しなければならないはずの神の民イスラエルの祭司は、ここには登場しない。聖霊が留まっていないから、彼らには何も見えないのです。そして、聖霊の導きに従って生きている一介の信徒であるシメオンがまっすぐに両親の許に行き、その腕に抱かれている幼子を見て、手を差し出したのです。そして、母マリアもまた、その動作に応えて幼子を差し出した。これは単なる偶然のなせる業ではありません。

シメオンの賛美

シメオンは、幼子をその腕に抱いた時に、神をたたえて、こう言いました。

「主よ、今こそあなたは、お言葉どおり
この僕を安らかに去らせてくださいます。
わたしはこの目であなたの救いを見たからです」。（ルカ二・二九―三〇）

「安らかに去らせてくださいます」という言葉が、死をも意味すると考えられるので、シメオンは老人であったとされています。その想像は、多分当たっているでしょう。この後に登場するアンナという女預言者は八十四歳であったと明記されていますから、そのアンナとシメオンはセットのように登場しているのかもしれません。

しかし、ここで「主よ」と訳されている言葉は、「主イエス」とか、「主なる神」の「主」とは違って、ご主人様、君主を意味する言葉であり、「安らかに去らせてくださる」とは、ご主人様の命令どおり、そのお言葉どおりに使命を果たした今、その職務から解かれることを意味します。シメオンに与えられた職務とは、「主が遣わすメシアを見る」ことだし、そのメシアに現れている救いを見て、賛美することです。その職務を果たせた今、心安らかに去ることができる。そう言っているのです。それは職務からの解放を意味すると同時に、この世の生からの解放をも含蓄として含むだろうと思います。

彼は、幼子を見ました。そして、そのことを彼は「わたしはこの目であなたの救いを見た」と言って賛美しているのです。まだイエス様は何もしていません。ただ寝ているだけ。起きていたとしても、何かを喋るわけでもないし、するわけでもない。まして、十字架に掛かっているわけでも復活しているわけでもない。しかし、聖霊が留まり、メシアを見るまでは死を見ることはないと言われていたシメオンの目には、すべてが見えたのです。その時、彼は、もう死んでもよいと思った。自分の使命を果たすことができたから。このことは、私なりによく分かることです。

（三）

死への備え

私は、年末から年始にかけて、尊敬する旧約聖書の学者とメールのやり取りをして、聖書解釈について深く教えていただくことができました。その先生が、新年を迎えた最初のメールの冒頭に、「新しい年を迎えました。あと一年大丈夫だろうか、来年は私にあるのか、ということを脳裏に浮かべる私は、新しい年を迎えられる感謝は年々深まります」と書いてくださいました。七十歳を越えていらっしゃいますし、少し病も養っておられるのです。自分は新しい年を迎えることができないかもしれない。その前に死ぬことになるかもしれない。しかし、今年も新しい年を迎えることができ、感謝だ。こういう感慨は、齢を重ねれば重ねるほど深くなるものだと思います。

しかし、その一方で、死を覚えるというか、自分がいつの日か迎える死を考え、一種の恐れを抱くことは、幼い時に既にあると思うのです。新年礼拝の説教でも、「人は死を考えるが故に人なのだと思う」と言いました。

私が尊敬する哲学の先生が、まだ学生だった私にこう言われました。「僕が哲学なんぞに興味を持ったのは、安らかに死にたいと思ったからだ」。安らかに死にたいと思われたのは、先生の少年時代、戦時中のことです。その後、その先生は、哲学を学び、学生時代にキリストと出会い、今も哲学と信仰を深めつつ多くの人々に感化を与え続けておられます。

私は学問とは縁遠い歩みをしていますが、そんな私でも、子どもの頃に死を考え、とにかくこのままでは死ねないと強く思ったことは事実です。それは、生きている実感も持てなかったからです。自分の命が何処から来て何処へ行くのかも分からないまま生きているのは、まさに浮世を漂っているだけのことです。生きることも死ぬことも何も分からぬまま、肉体の死に向かっているだけ。その空しさを、自分ではどうすることもできない。でも、この世の大人たちは、その空しさから目を逸らすことばかりやっているし、子どもにもやらせるのです。死の問題など、学校の先生に話しても、ちょっと話せそうな大人に話しても、そういう問題は大人になってからじっくり考えても遅くない、今は勉強しろとか、そんなこと考えるよりもっと楽しいことを考えろ、世のためになる人間になれるように努力しろとか言われるだけです。子どもなりに、「ああ、この人たちも実際何も分かっていないし、真剣に考えていないんだ」と失望したことが何度かあります。実際にどうであったかは分かりませんが、その時の私にはそう思えたのです。そして、再び悶々とする。

これをやることさえできれば、いつ死んでもよいと思えるものと出会わなければ、死ぬに死ねない。つまり、生きている実感を持てない。それは、実は多くの人が持つ思いではないでしょうか。

高齢化

週報にも掲載してありますが、来週は桜会の集会があります。今回は、今後の桜会に関して話し合いたいと願っています。桜会が、年齢が七十歳以上の男女の会として誕生した頃は、「七十歳」というとそれなりに高齢であり、世間的には引退しており、そろそろ死に備えるという感覚があったと思います。そういう者同士が信仰的な交わりを深めるために桜会は誕生したように聞いています。しかし、日本の平均寿命はどんどん伸びて、現在の中渋谷教会で七十歳以上の方は九十名に近く、会員のほぼ半数になるのです。そして、皆さん非常にお元気。バリバリ奉仕をしてくださっている。だから、誰も桜会に入りたがらない。そして、かつては七十歳以上の方に敬老のお祝いを差し上げていたのですが、九年前から対象年齢を毎年一歳ずつ上げて七十五歳以上にしました。それでも、現在は六十名くらいになります。そこで、今年からまた一歳ずつ上げて、五年後には八十歳以上の方のお祝いをさせていただくことになりました。去年七十五歳になられている方は、ずっとお祝いがありますから安心してください。七十四歳の方には、大変申し訳ないのですが、五年間頑張って長生きしていただくしかありません。

（三）

キリスト者として生き、死ぬ

しかし私は、平均寿命が延びたからと言って、私たちが自分の死を考えず、死への備えをしなくてもよいとは少しも思いません。死への備えをするとは、今をどう生きるかということだからです。それは、むしろ若い時の課題だとも思います。

クリスマスに信仰告白や洗礼を通して二人の方を教会員にお迎えし、今日も新たに入会者をお迎えしました。お二人は私よりもはるかにお若いし、お一人は少し上の方です。一般的に言って、まだまだ死に備える年齢ではない。私はその三人の方たちそれぞれに、いくつもの書類を渡しつつ説明をしました。教会規則の内容、献金とは何か、礼拝の守り方などの書類をお見せしながら説明をするのです。

その中に「わたしの信仰と生活」という書類があります。それには、自分の葬儀に備えた愛誦聖句や愛唱讃美歌を書く欄があり、これまでの信仰の歩みや葬儀に関する希望を書いていただくことになっています。書くも書かないも自由です。昔からの会員の中にも提出しておられない方が大勢おられます。それぞれの理由がおありでしょう。誰も、明日自分が死ぬとは思っていないからかもしれません。しかし、明日生きている保証は、私を含めて誰にもありません。

私は、その「わたしの信仰と生活」を渡しつつ、一応、この世の礼儀に従って、「あなたにはまだ早いのは分かっていますが」とも言います。洗礼を受ける決意や、会員になる決意をしたばかりの方に、そして、まだ四十歳代とか六十歳代の方に、「自分の葬儀の備えをしろ」と言うことには些かの遠慮もありますし、多少勇気もいることです。でも、私は大事なことだと思っています。

洗礼を受ける、それはキリスト者になることです。入会をする、それはキリスト者としての命をこの教会で生き、そして、この教会で死ぬことです。事情が許せば、この教会の礼拝堂で葬儀をするのです。そして、通常であれば、この教会の牧師が葬儀をすることになります。「キリスト者」とはキリストの者であり、それはキリストを主とあがめ、また御主人様として従う人間です。自分が、どういう経路を経てそのキリスト者になったのか、そして今、どのようにキリストを信じ、従っているのか。キリストはどのように自分を愛してくださっているのか。そのことを自分の言葉で書く。何度も新たに書き加えてくださっても構わないのです。それが一つの遺言になります。

（三）

世間でも、遺言をちゃんと書くことができれば、安らかに死ねると言われます。内容は全く異なりますが、私たちキリスト者にとっては、キリストに出会うことができれば、もう安らかに死ねるのですが、キリストと出会った喜びや感謝を、証しして死にたいのです。それが私たちの賛美であり、遺言でしょう。

私にとっては、毎週の説教がそういうものでもあります。今日は、私が尊敬する幾人かの方の言葉を引用していますが、私が指導を受けていた牧師が神学生である私に向かって、こうおっしゃいました。

「今日語る説教が、自分にとって最後の説教かもしれない。そういう思いで説教は語らねばならない。悔いのない説教、自分としてこれ以上できない説教をしなければならない。また、会員の中には、突然召される方もいるし、ある日の礼拝を最後に二度と礼拝に来られず、そのまま召される方もいる。いつの説教がその方が聴く最後の説教になるか分からない。だから、『今週は不出来でしたけれど、来週は頑張ります』などということは言えない」。

まさにそうなのだと思います。牧師も信徒も、そういう思いで礼拝に集いたいものです。もし、そのように集うことができれば、その礼拝には聖霊が豊かに働き、その礼拝の後には、

「主よ、今こそあなたは、お言葉どおり
この僕を安らかに去らせてくださいます。
わたしはこの目であなたの救いを見たからです」
（ルカ二・二九―三〇）

と賛美しつつ、生活の場に帰ることができるでしょう。そういう礼拝を、皆で毎週捧げたいと切に願います。

葬儀礼拝

そして、キリスト者がこの地上の最後に捧げる礼拝は葬儀です。信仰をもって生き、そして死んだ。その遺体を、会堂の正面に安置することを通して、「私はキリストの者、キリストの十字架の血に贖われ、キリストの復活に与る者です」という信仰を告白するのです。キリスト者の遺体は、何も語らずともキリストの十字架の死と復活を通して与えられる恵み、その慰めを証ししているのです。

牧師は葬儀説教を通して、その方の信仰とキリストの救いを証しします。信徒は讃美歌を歌うことによって、アーメンと唱和することを通して、また弔辞を語ることを通して、キリストへの信仰に生き、また信仰をもって死ぬことができる喜びを証しする。そういう礼拝を捧げるのです。それが教会に生きるキリスト者です。

パウロは、フィリピの教会に生きる信徒に向けてこう言いました。

> これまでのように今も、生きるにも死ぬにも、わたしの身によってキリストが公然とあがめられるようにと切に願い、希望しています。
>
> （フィリ一・二〇）

これは、私たちキリスト者すべての希望でしょう。このように生きたいし、このように死にたいのです。

（三）

万民の救いを賛美する

ルカによる福音書は、賛美に溢れていると語って来ました。イエス様が誕生する前後に四つの賛美があり、今日のシメオンの賛美がその四つ目です。最初はマリアの賛歌（マグニフィカート）、次はザカリアの賛歌（ベネディクトゥス）、そして天使の賛美（グロリア）で、シメオンの賛美は「今こそ安らかに去らせてくださいます」からヌンク　ディミトゥスと呼ばれます。すべてラテン語です。

マリアやザカリアの賛美は、「イスラエルの救い」に強調点があります。イスラエルの先祖アブラハムやダビデに語られた言葉を実現してくださる主を賛美しています。しかし、天使やシメオンは、すべての民、「万民」に救いを与えてくださる主を賛美しています。天使は「地には平和」と歌いますし、シメオンは「異邦人を照らす啓示の光、あなたの民イスラエルの誉れ」として、幼子主イエスを称えるのです。

私たち日本人は、異邦人です。だから、私たちは律法の言葉や預言者の言葉を通して神を知るに至ったのではありません。イエス・キリストが神様を示す「光」として来てくださったが故に、神を知り、救いを知った。いや、見ることができるようになったのです。そして、その「光」によって旧約聖書を神の言葉として読めるようになったのです。暗闇の中では何も見えません。光がなければ、生も見えないし死も見えません。それが何だかも分からない。だから不安だし、だから恐ろしいし、だから紛らわすのです。誤魔化すのです。

しかし、私たちはもう誤魔化す必要はありません。「この目で救いを見た」からです。キリストを見たからです。だから、死も見ることができるのです。

見る（2）

この「見る」ということについて、ルカによる福音書は二四章において、とても印象深い出来事を書いています。一般に「エマオ途上の出来事」と言われるものです。イエス様が十字架上で死んで墓に葬られてから三日目の日曜日の朝、女たちが墓に行くと、そこにイエス様の遺体はなく、天使たちがいました。彼らは女たちに向かって、イエス様はかつて語られたお言葉どおり、復活されたことを告げました。しかし、弟子たちは、誰も女たちの言葉を信じることができませんでした。二人の弟子は、夢破れて故郷であるエマオに帰って行ってしまうのです。しかし、その二人の弟子たちをイエス様が追いかけてくださり、語りかけます。でも、「二人の目は遮られていて、イエスだとは分からなかった」。目の前にイエス様が見えるのに、それがイエス様だとは分からないのです。しかし、イエス様は道すがらずっと旧約聖書の言葉を引用しつつ、「メシアはこういう苦しみを受けて、栄光に入るはずだったのではないか」と語り続けてくださいました。そして、ついにエマオの村で弟子の家に入り、食卓についた時、イエス様が「パンを取り、賛美の祈りを唱えて、パンを裂いてお渡しになった」。

その時、何が起こったか。

> すると、二人の目が開け、イエスだと分かったが、その姿は見えなくなった。二人は、「道で話しておられるとき、また聖書を説明してくださったとき、わたしたちの心は燃えていたではないか」と語り合った。
> （ルカ二四・三一—三二）

そして、彼らはエルサレムに帰って行ったのです。そして、死を恐れていた彼らは、福音を携えて全世界に派遣される使徒となったのです。死を恐れていた者たちが、死を恐れず使命を果たす者に造り替えられたのです。

この場面は、何度読んでも血湧き肉躍ります。様々な経験を想起させられますし、様々なイメージが喚起されます。

たとえば、私は毎週の礼拝に備えて、全くの暗中模索の状態の中で、聖書のあちこちを読み始めます。旧約、新約の色々な所を読んでいく。最初は何も見えていなかったのに、次第に情景が見えてくる。そして、ある瞬間にイエス様がここにおられるのが見える。あるいは、日曜日の礼拝堂の中に立って「あなたがたに平和があるように」と語りかけてくださるイエス様や、聖餐の食卓の主人として振舞ってくださるイエス様が見える瞬間がある。その語りかけが心に響く瞬間がある。その時は、やはり心が燃えますし、聖霊によって心の目を開けていただいたことが分かります。そして、その心の目でイエス様が見えれば、あとは喜びをもって語ることが使命であり、その使命をちゃんと果たすことができれば、安らかにその使命を解かれます。そして、安らかに去ることができる。

ようやく人間になれたような気がする

私は、目が遮られて見えなかった者が見えるようになったということの記事を読むと、必ずと言ってよいほど思い出す方がいます。もう二十年も前に召された方です。前任地の女性会員の養母でTさんと言います。その方は「信州のチベット」と言われる木曾御岳山の麓で明治二十四年に生まれ、その地で育った方ですから、いわゆる学があるわけではありません。キリスト教にも触れたことがありません。私がお訪ねするようになった頃は寝たきりでしたし、視力がどんどん落ちていかれました。その時、九十三歳位でした。月に一回とか二か月に一回程度訪問をし、聖書の話をさせていただくと、うっすらと膜が掛かってしまったような目を輝かせて、「ほう、海の上を渡りなさったかね」「ほう、復活されたかね」と嬉しそうにおっしゃって、はるか遠くを見つめる顔をされるようになりました。私も、そのお顔を見るのが嬉しくて楽しくて、しばしば、まだ二歳だった娘を連れてお訪ねをしました。そして、ついにTさんも洗礼を受けるということになった。日曜日の礼拝の後、教会員十数名でTさんの部屋をお訪ねし、ベッドに寝ておられるTさんの傍らで讃美歌を歌い、聖書を読み、短い説教をして洗礼を授けました。

その翌日、お訪ねして、「Tさん、昨日はどうだった?」と伺ったのです。その時、Tさんは、ニ

（三）

コニコして、「なんか、ようやく人間になれたような気がした」とおっしゃいました。私にとっては、決して忘れ得ない言葉です。「なんか、ようやく人間になれたような気がした」。

もう目は見えない。でも、心の目でイエス様が海を渡る姿、十字架に掛かって死ぬ姿、そして復活された姿を見ることができた。もう「安らかに去ることができます」。そうおっしゃったのだと思いました。Tさんが洗礼を受けたのは、九十七歳です。「九十七年かかって、ようやく出会うべき方に出会うことができた。生きている意味、死ぬ意味が分かった。私はキリストの者とされた。だから、生きることが嬉しい。だから死ぬことも楽しみです。キリストと顔と顔を合わせてお会いしたい。主よ、あなたは今こそ私を安らかに去らせてくださいます」。

「ようやく人間になれたような気がした」。それは、Tさんの魂から溢れ出て来た賛美です。私は、その賛美を捧げるTさんを見たし、そこにキリストの慰め、救いを見ました。だから私も主を賛美します。

私たちもまた、それぞれにイエス・キリストと出会ったキリスト者です。この目で救いを見た者たちです。賛美しましょう。賛美するしかありません。

詩編一〇二編一九節を読んで終わります。

後の世代のために
このことは書き記されねばならない。
「主を賛美するために民は創造された」。

アーメン。

聖なる御父

御名を崇め賛美をいたします。御子主イエス・キリストの贖いによって、私どもは新たに、あなたを賛美する民として造り出されました。御子に出会い、あなたに出会ったのに私どもは生きており、私どもの死はあなたの御元《みもと》に行くことであり、私どもの生と死は御子主イエス・キリストの栄光を称えるものです。御神様どうぞ、私たちの歩みを信仰から信仰へと導き、キリストが賛美されるために生き、死ぬことができますように。主イエス・キリストの御名によってお願いをいたします。アーメン。

（二〇一一年一月十六日）

賛美と剣

ルカによる福音書二章二二―四〇節

前回の二章二二節から四〇節までの段落はエルサレム神殿を舞台としており、旧約聖書の「律法」という言葉が枠組みになっていると言いました。そして、三二節までをご一緒に読みました。こうやって少しずつ読み進めて来ると、ルカは今日の箇所までのクリスマス物語において、老若男女や様々な立場の人々をバランスよく配置していることが分かります。高齢のザカリアとエリサベト夫妻に対する若いヨセフとマリアの夫妻、ザカリアの賛歌とマリアの賛歌、身分の高い者と低い者、そして、ペアのように出てくる男のシメオンと女のアンナ。そういうきちんとした枠組みの中で、主なる神様の救済の歴史が進展している様が描かれています。そのことを踏まえた上で、今日は三三節から三五節までのシメオンの言葉に注目したいと思っています。

何故、驚いたのか？（1）

父と母は、幼子についてこのように言われたことに驚いていた。（ルカ二・三三）

る言葉です。

「驚いていた」とあります。他の箇所では、奇跡を目の当たりにした時の人々の驚きとして使われ

ヨセフとマリアは、何故それほどまでに驚いたのでしょうか？　特にマリアは、天使から受胎告知を受けるという驚くべき経験をしたのだし、ヨセフだって彼女からそのことを聞いていたはずです。彼らは、それぞれ天使が語る驚くべき言葉に身を委ね、その言葉が実現していることを身をもって知っている。だから、シメオンがイエス様を抱いて神様を賛美する様を見ても、当然のこととして受け止めてもおかしくないとも思います。理屈から言えば、たしかにそうだと思います。でも、果たしてそうなのだろうか？

牧師をしていると、時たま「先生でも知らないことがあるのですか？」ということを言われることがあります。牧師は聖書のことは何でも知っていると思われている節があるのです。どのレベルで「知っている」と思われているのかが問題です。聖書の成り立ちだとか、新旧併せて六六巻のそれぞれの特色だとか、キリスト教信仰の内容だとかのごく初歩的なことは知っておかねばならないだろうし、牧師であれば誰だって「知っている」と言ってもよいかもしれません。でも、「今日、この箇所を通して神様が私たちに何を語りかけてくださるのか」ということになれば、それは多少持っている知識など何の関係もないことであり、白紙の状態に近いのです。表面的な意味が分かることと、そこに記されている言葉を神の言として聴くことは全くの別物であり、神の言として聴く、あるいは聴こえる瞬間はいつだって驚きに満ちたものです。

それは、皆さんも同様だと思います。特に福音書に記されていることは多くの方が「知っている」

ことです。今日の箇所だって初めて読んだという方は実際には少ないだろうと思います。でも、毎週、礼拝を通して、「ここにはこんなことが書かれていたのか？　知らなかった……」という驚きを感じられるのではないでしょうか？　少なくとも、私にとっては毎週の礼拝がそうです。神様の言を聴くとは、常に新しいことであり、常に驚きに満ちたことなのです。マリアやヨセフは、そういう意味で、シメオンの言葉を聞いて驚いている。そう言えるだろうと思います。

何故、驚いたのか？（2）

しかし、多分それだけではない。彼らは、これまで聞いたこともないことを聞いて驚いている。そういうこともあると思います。

先週も少し触れましたが、マリアの賛歌にしろザカリアの賛歌にしろ、そこにあるのはイスラエルの民を救う神様に対する賛美でした。イスラエルの先祖アブラハムに対する約束を神様が覚えていてくださり、いよいよ実現してくださることを彼らは賛美したのです。問題は、あくまでも「イスラエルの救い」です。

しかし、天使は「民全体に与えられる大きな喜び」を羊飼いに告げました。この場合の「民全体」は、全世界の民という意味だと思います。その言葉を、マリアとヨセフは羊飼いを通して間接的に聞いてはいます。しかし、今、シメオンは幼子イエスを抱きながら「これは万民のために整えてくださった救いで、異邦人を照らす啓示の光、あなたの民イスラエルの誉れです」と賛美したのです。

はっきりと「異邦人」という言葉が出てきます。ギリシア語では、エスノスと言います。文脈によっては「民」とか「国民」とか訳されますが、「イスラエルの民」(ユダヤ人)に対する「異邦人」の意味でしばしば出てくる言葉なのです。

たとえば、一二章二九節以下で、イエス様はこうおっしゃっています。

「あなたがたも、何を食べようか、何を飲もうかと考えてはならない。また、思い悩むな。それはみな、世の異邦人が切に求めているものだ。あなたがたの父は、これらのものがあなたがたに必要なことをご存じである」。

(ルカ一二・二九―三〇)

二一章二四節では、こうおっしゃっています。

「人々は剣の刃に倒れ、捕虜となってあらゆる国に連れて行かれる。異邦人の時代が完了するまで、エルサレムは異邦人に踏み荒らされる」。

いずれも、決してよい意味で出てくるわけではありません。神への信仰がない異邦人、神の都エルサレムを蹂躙する異邦人。神を知らず、神に反逆する異邦人。それは、とりもなおさず神の民イスラエルの敵であり、神に見捨てられた人々という意味を持ちます。「異邦人」とは、そういうネガティヴな意味を持っている言葉です。神の民イスラエルと異邦人は完全に分裂しているのです。

しかし、ルカによる福音書の最後では、復活のイエス様が弟子たちに向けてこう語りかけておられます。二四章四五節以下を読みます。

そしてイエスは、聖書を悟らせるために彼らの心の目を開いて、言われた。「次のように書いてある。『メシアは苦しみを受け、三日目に死者の中から復活する。また、罪の赦しを得させる悔い改めが、その名によってあらゆる国の人々に宣べ伝えられる』と」。（同二四・四五―四七）

（三）

ここに出てくる「あらゆる国の人々」が「すべてのエスノス」となります。それは「すべての人」のことです。イエス様から見るならば、イスラエルと異邦人の間の分裂はありません。すべての人間が罪に支配されているからです。つまり、神との間が分裂している。そのことこそが問題なのです。だから、その罪の赦しを得させる悔い改めが、「あらゆる国の人々」に宣べ伝えられねばならない。そして、その宣教の言葉を聞いて悔い改めた者は、イスラエルに属する者であれ異邦人であれ、主イエス・キリストの贖いに与り、罪が赦される、救いに入れられる。そういうことです。

その「異邦人」の救いが、イエス様によってもたらされると、シメオンは語っているのです。マリアもヨセフも、イスラエルの神、主の救いが異邦人に及ぶと聞いたのは初めてです。そんな救いがあるなど、当時のユダヤ人はだれも考えてもいませんでした。また、異邦人の支配から解放される救いを待ち望む人々はいました。また、異邦人にはないユダヤ人だけに与えられる罪の赦しを求めていた人もいたでしょう。アンナが賛美しつつ、イエス様のことを話した人々も、「エルサレムの救いを待ち望んでいる人々」でした。しかし、イエス様を通してこの地上にもたらされる救いは、イスラエルに限定されたものではない。イスラエルと異邦人の分裂を越えてすべての人に救いを与えるものなのだと、シメオンは告げている。それが、この時のヨセフとマリアにとっての驚きなのだと思います。

祝福と苦しみ

シメオンは彼らを祝福し、母親のマリアに言った。

「御覧なさい。この子は、イスラエルの多くの人を倒したり立ち上がらせたりするためにと定められ、また、反対を受けるしるしとして定められています。――あなた自身も剣で心を刺し貫かれます――多くの人の心にある思いがあらわにされるためです」。(ルカ二・三四―三五)

「祝福した。そして言った」が直訳ですが、そこで言われたことは、直前にある「賛美」「安らか」(平和)「栄光」とは全く裏腹に、「倒れる」「反対を受ける」「剣で刺し貫かれる」という物騒なものです。これは一体どういうことなのか?

躓きの石　隅の親石

「定められる」とは、「置かれる」とか「据えられる」という意味です。この言葉の背後にも旧約聖

（三）

書の言葉があると思います。イザヤ書から二箇所を読んでおきます。
最初に、八章一四節以下ですが、そこにはこうあります。

主は聖所にとっては、つまずきの石
イスラエルの両王国にとっては、妨げの岩
エルサレムの住民にとっては
仕掛け網となり、罠となられる。
多くの者がこれに妨げられ、倒れて打ち砕かれ
罠にかかって捕らえられる。

（イザ八・一四―一五）

続いて、二八章一六節を読みます。

それゆえ、主なる神はこう言われる。
「わたしは一つの石をシオンに据える。
これは試みを経た石
堅く据えられた礎の、貴い隅の石だ。
信ずる者は慌てることはない」。

（同二八・一六）

主を礼拝する聖所、エルサレム神殿において、主ご自身が人々のつまずきの石、妨げの岩となるというのです。なんという皮肉かと思います。そして、なんともリアルなことだとも思います。主を礼拝している多くの者が、実は主という石につまずき、妨げられ倒れるというのです。しかし、その一方で、信じる者にとっては、その石は、堅く据えられた礎の貴い石であり、何も慌てることはないです。むしろ、その石の上に堅く立つことができる。それが、神の民イスラエルにおける分裂した現実なのです。誰も彼もが、主という石の上に信仰をもって堅く立つわけではない。主の名を語り、主を礼拝しつつ、主に反逆し、主につまずき、倒れる人もいるのです。それは教会の中でいつでも起こっている分裂と同じです。

信じる者とそうでない者との分裂

イエス様は弟子たち、つまりイエス様を信じて従う者たち（教会）に向けてこうおっしゃいました。

「あなたがたは、わたしが地上に平和をもたらすために来たと思うのか。そうではない。言っておくが、むしろ分裂だ。今から後、一つの家に五人いるならば、三人は二人と、二人は三人と対立して分かれるからである」。（ルカ一二・五一―五二）

クリスチャン家庭に生まれた人は、信仰を与えられるまではその家の中で何か居心地が悪い違和感

（三）

を抱きつつ生きているものです。身内としては家族だけれど、完全な意味では神の家族となっていないからです。その一方でキリスト教とは何の関係もない家庭で、家族の中で初めてキリスト者になる場合、家族内で分裂や敵対を引き起こすこともあると思います。封建制が崩壊した現代では、個人の思想信条は重んじられますから、昔ほどのことはないにせよ、本質は昔も今も変わりありません。

　イエス様と出会うということ、その言葉を聴くということ、それは誰にとっても、そしていつでも、衝撃的な体験です。なんとなく聞き流すのではなく、自分に対する語りかけとしてちゃんと聴くとすれば、その言葉に対して賛成か反対の応答をせざるを得ないからです。イエス様を信じて従うか、信じないで従わないか、愛するか、憎むか。その中間がないのです。自分としては態度を保留しているつもりでも、それは保留でも何でもありません。信じて従わないことにおいて反対している、拒否していることと同じだからです。イエス様を信じる者は、神殿の隅の親石の上に立つし、拒絶する者はつまずいて倒れるのです。そして、その人々はイエス様を殺す。

　主イエスの言葉とそれに対する態度によって、教会の内と外が分裂していくことは勿論のことです。しかし、実は、それは教会の内側でも起こっていることなのです。

心　剣

　シメオンは、ちょっと唐突に「あなた自身も剣で心を刺し貫かれます」と言いました。これは何を言っているのでしょうか？　一般的には、マリアの息子は、これからイスラエルの人々に反対され、拒絶され、殺されてしまう。そのことで母マリアは痛烈な痛みを感じることになる。そういうことを預言した言葉だ、という線で解釈されるように思います。私も、これまではなんとなくそのように感じていました。でも、果たしてそうなのか？　それだけなのか？　ちょっと違うような気もします。ここでシメオンは、一人の人間マリアの中にも引き裂かれる分裂が起こると言っているのではないか？　と思うのです。

ここに「心」とあります。でも、実はその「心」は「多くの人の心にある思い」に出てくる「心」とは原語では違います。ここはちゃんと訳し分けた方がよいと思います。「マリアの心」はプシュケーという言葉で、「多くの人の心」はカルディアです。プシュケーは他の箇所ではしばしば「命」と訳される言葉です。内面の奥底という意味で「魂」と訳されることもあります。

また、「剣」と訳された言葉、ロムファイアは、先ほど引用した中にある異邦人が剣でエルサレムを攻めるという場合の剣（マカイラ）のことではありません。ロムファイアは、ルカによる福音書には、ここにしか出て来ない言葉ですし、新約聖書全体でも他にはヨハネ黙示録に六回だけ出て来る珍しい言葉です。

黙示録でも、「だから、悔い改めよ。さもなければ、すぐにあなたのところへ行って、わたしの口の剣でその者どもと戦おう」という形で出て来ます。目に見える武器としての剣ではなく、人間の心の中に隠された罪を、鋭いメスのように抉りだしていく言葉、そういう言葉の象徴として「剣」という言葉が使われているのです。剣は罪人に対して鋭い痛みを与えます。その痛みを通して、悔い改めさせる。神の許に帰らせる。分断された神と人の間を繋いでいく。そういう鋭い言葉、それが「剣」、

（三）

「口の剣」だと思います。裁く言葉であり、救いへと招く言葉なのです。分裂しなければならないものと分裂させ、繫がらねばならぬものと繫がせる。そういう言葉です。そして、その剣がマリアの心、魂、命を刺し貫くことになる。シメオンは、そう語っている。私は、そう受け取ってもよいのではないかと思います。

刺し貫かれる母マリア

先ほどから私は「マリア」と言っていますが、ルカによる福音書で、この言葉が出るのは今日の箇所が最後です。以後、「母」として出て来ます。しかし、その母は、イエス様の言によって、まさにその魂、命が刺し貫かれていくのです。

次週読む箇所で、十二歳になったイエス様は、過越祭が終わって多くの人々と一緒にナザレに帰って行く両親には無断で神殿に残ります。そして、学者たちと議論している。母は「何故こんなことをしてくれたのです。お父さんもわたしも心配して捜していたのです」と言って叱ります。しかし、イエス様はこうお答えになりました。

「どうしてわたしを捜したのですか。わたしが自分の父の家にいるのは当たり前だということを、知らなかったのですか」。

（ルカ二・四九）

この少年イエスの言葉は、両親の心を突き刺したでしょう。そして、彼らはこの時、この言葉が何を言っているのか分からなかったのです。無理もない話です。私も、今は全く分かりません。母マリアは、さらにきついことを言われることになります。それは八章一九節以下です。

さて、イエスのところに母と兄弟たちが来たが、群衆のために近づくことができなかった。そこでイエスに、「母上と御兄弟たちが、お会いしたいと外に立っておられます」との知らせがあった。するとイエスは、「わたしの母、わたしの兄弟とは、神の言葉を聞いて行う人たちのことである」とお答えになった。（同八・一九—二一）

皆さんの中でも母である人は、この言葉のきつさは肉感的に分かるのではないでしょうか？　もう母と子の関係は、完全に断ち切られているのです。イエス様のおっしゃるとおり、ここには平和はなく、分裂があります。肉親の家族は断ち切られ、イエス様には信仰の家族がある。もはや、マリアは母でもない。こういう苦痛をマリアは味わうことになります。イエス様の剣のような言葉によって、母子、兄弟の関係は分断され、肉親の家族は分裂したのです。マリアもまた、肉親の母としてイエス様と交わりをもつことは許されない。彼女もまた、一人の人間、一人の罪人として悔い改め、神の言を行う人間とならねばならない。そういうことではないかと思う。

（三）

あらわにされる心の思い

このように言い放つイエス様を見、その言葉を聴く時、私たちの心にある思いがあらわにされていくのではないでしょうか？「こんな方にはとてもついていけない」。「こんな方とはまともに付き合いきれない」。そういう思いが私たちの心の中に「ない」とは言えないと思います。

イエス様にとって、イスラエルの民と異邦人の区別はありません。そして、身内と他人の区別もない。通常は、イスラエルと異邦人の間は分裂しており、身内と他人の間も分裂しているのです。しかし、イエス様は、そういう分裂した人間世界の中を通り抜けていかれるのです。そして、すべての人間と同じ立場で出会っていかれます。すべての人間が、罪によって神との関係が断ち切られている、分裂しているからです。

巡り歩く主イエス

「剣で刺し貫かれる」は原文では「剣が刺し貫く」ですけれど、「刺し貫く」（ディエルコマイ）とは、「間を通り抜ける」とか「巡り歩く」という意味です。イエス様が村から村へ、町から町へと伝道の旅をする様を描く時に使われる言葉です。そして、イエス様は、村々を巡り歩きながら、その鋭い剣のような言葉で、罪の悔い改めをするように叫び続けたのです。私たち人間にとって、最も深刻な問題は、神との分裂という罪であることをイスラエルの民に語り続けたのです。イスラエルの民も罪を悔い改めない限り、異邦人と同じく裁かれて滅びに終わることを告げられたのです。その鋭い剣のような言葉で、人々の心の中にある思いを暴き出して行かれた。そうしない限り、誰も悔い改めないからです。しかし、そうすればするほど人々は躓きました。特に、自分は信仰深いと思っている人々ほどイエス様に躓き、倒れ、反対し、ついにはその命を奪おうとするようになりました。その結果が、イエス様の十字架の死です。

イスラエルの民と異邦人　そして人間

その十字架の下で、イスラエルの民を代表するユダヤ人の議員たちは、「他人を救ったのだ。もし神からのメシアで、選ばれた者なら、自分を救うがよい」と嘲りました。そして、異邦人を代表するローマの兵士たちは、「お前がユダヤ人の王なら、自分を救ってみろ」と嘲りました。ここにおいて、イスラエルの民も異邦人もありません。両者とも主イエスを拒絶し、嘲っているのです。

パウロという人は、イスラエルの民と異邦人の区別、その分裂を誰よりも深く知っていた人であり、自分をイスラエルの中のイスラエルと自負していた人でした。律法の義と血筋を誇っていたのです。しかし、その彼が復活のキリストと出会い、その言葉に刺し貫かれることを通してユダヤ人としては死んだのです。それは主の名を呼びつつ主に躓き、倒れている自分を知ったということです。そして、主は自分が迫害しているイエスであることを知り、そのイエスが、十字架の死と復活の命を通して自分の罪を赦し、新たに生かしてくださることを知ったということです。そのようにしてキリスト者にされたパウロは、ローマの信徒に向けてこう言っています。

このようなわけで、一人の人によって罪が世に入り、罪によって死が入り込んだように、死はすべての人に及んだのです。すべての人が罪を犯したからです。
（ロマ五・一二）

一人の人の罪によって死がすべての人に及んだ。この「及んだ」はディエルコマイです。死がすべての人の間を通った、巡り歩いた、刺し貫いたのです。そのことにおいて、イスラエルも異邦人もないのです。身分の高い者も低い者もないし、男も女もない。身内も他人もない。すべての人間が罪人だからです。だから死すべき人間、神の裁きによって滅ぼされるべき人間なのです。聖書の言葉は、本当に鋭い剣です。

しかし、そのすべての罪人の手によって十字架に磔にされた方こそ、「万民のために整えられた救い」「異邦人を照らす啓示の光、あなたの民イスラエルの誉れ」であるイエス様です。パウロは先ほどの言葉の続きで、「一人の罪によってすべての人に有罪判決が下されたように、一人の正しい行為によって、すべての人が義とされて命を得ることになったのです」と言っています。この「一人の正しい行為」とは、罪がないのに、いやそうであるが故に、イエス様が罪人の罪を一身に背負って有罪判決を受け、十字架に磔にされる行為のことです。

（三）

異邦人を代表するローマの兵士の百人隊長は、イエス様の体を十字架に釘で打ちつけた人間ですが、彼は、イエス様が「父よ、彼らをお赦しください。自分が何をしているのか知らないのです」と祈る姿を見ました。また、十字架の上で悔い改めた犯罪者に向かって、「はっきり言っておくが、あなたは今日わたしと一緒に楽園にいる」と言われるのを見ました。さらに、「父よ、わたしの霊を御手に委ねます」と言って息を引き取られるのを見ました。そして、彼は「本当に、この人は正しい人だった」と言って、「神を賛美した」のです。ルカによる福音書で、十字架の主イエスの前に悔い改めたのは死刑にされたユダヤ人の犯罪者であり、十字架の主イエスを見て神を賛美した最初の人間は、ユダヤ人を処刑する異邦人なのです。

倒したり、立ち上がらせたり

シメオンは、イエス様のことを「多くの人を倒したり立ち上がらせたりするためにと定められ」ていると言いました。ここは、解釈が分かれる所です。イエス様に躓いて倒れる人と信じて立ち上がる人がいる。その両者の間には越え難い分裂があると解釈することができます。私は、ここまでその線に立って語って来たのです。しかし、その一方で、イエス様は不信仰によって一旦は倒れた者を、恵みによって新たに立ち上がらせることができるお方なのだと解釈することもできます。私は、二者択一である必要もないと思っています。イエス様と出会う時に、また従っていく間に、その鋭い言葉や激しい御業に躓かない人間などいないし、反発を覚えない人間などいません。誰だってイエス様には躓き、そして倒れます。祭司長や律法学者や議員だけが躓き、倒れたのではないのです。マリアだっ

（三）

て躓き倒れたし、弟子の筆頭ペトロだって躓き、倒れたのです。

でも、ルカによる福音書の続きである使徒言行録の一章一四節には、「イエスの母マリア、またイエスの兄弟たち」が十二弟子たちと「心を合わせて熱心に祈っていた」と記されています。ルカによる福音書の八章で、イエス様に面会すら拒絶された母マリアと兄弟たちは、イエス様の十字架の死と復活を経て、今や新しいイスラエル、神の家族の一員として新たに生きる者とされているのです。

そして、剣によって刺し貫かれて死ぬことを恐れ、「わたしはあの人を知らない」と言ってしまい、泣き崩れたペトロは、聖霊を与えられた時、イスラエルの人々、また五旬祭（ペンテコステ）を祝うために全世界の「あらゆる国から帰って来た信心深いユダヤ人たち」に向かって立ち上がり、力強く説教をしました。

「神は、このイエスを復活させられたのです。わたしたちは皆、そのことの証人です。

（中略）

だから、イスラエルの全家は、はっきり知らなくてはなりません。あなたがたが十字架につけて殺したイエスを、神は主とし、またメシアとなさったのです」。

（使二・三二—三六）

この説教を聴いて、心を刺された（翻訳は「打たれた」ですが、原語は「刺された」です）人々が、ペトロに「兄弟たち、わたしたちはどうしたらよいのですか」と尋ねました。ペトロは言いました。

「悔い改めなさい。めいめい、イエス・キリストの名によって洗礼を受け、罪を赦していただきなさい。そうすれば、賜物として聖霊を受けます」。（同二・三八）

イエス・キリスト、この方は、「異邦人を照らす啓示の光」「あなたの民イスラエルの誉れ」「万民のために整えてくださった救い」です。多くの人を倒し、そして立ち上がらせるお方です。多くの人の心を剣で刺し貫きつつ、今も私たちの間を巡り歩いておられるお方です。すべての人を悔い改めへと招くため、誰でも罪に死んでキリストと共に新たに生きることができるためです。

私は今日も、イエス様の言に刺し貫かれて倒れ、しかし、恵みによって、その言葉を語る者として新たに立ち上がらせていただいています。だから平和です。説教を通してイエス様の言をその心に聴いた人にも同じことが起こっているはずです。皆さんも、この言葉に刺し貫かれ、倒れ、そして今立ち上がらされているでしょう。

そういう私たちに向かって、今日も主イエスは祝福を与え、そして、「平和の内にこの世へと出て行きなさい」と派遣されるのです。万民のための救いを宣べ伝えるためにです。私たちの「神を愛し、隣人に仕え、隣人を愛し、神に仕える」姿を通して、主の救いは表れて行くのです。主に感謝し、主を賛美したいと思います。

聖なる父なる御神

御名を崇め感謝をいたします。あなたはイスラエルの神です。しかし主イエス・キリストを通して

（三）

異邦人にも啓示の光を送ってくださり、私どもをもあなたの民、あなたの家族にしてくださいました。ただその恵みに感謝をいたします。御神様、どうぞ、主イエス・キリストのその言、あるいは主イエス・キリストそのお方、その鋭い剣を、受け容れて罪に死に、そして主イエス・キリストの復活の命に生きる者とならせてください。毎週、主の言を聴いて驚き、主を賛美し、毎週、罪に死に、新しく生きる者とならせてください。そして派遣されるその場所で、信仰の戦いを戦い、勝つ時も負ける時もたくさんありますけれども、あなたの恵みの中において、主を礼拝する者としてこの場に立ち返らせてくださいますように。そして慰め、励まし、癒し、戒め、あなたの霊と御言によって新たに立ててください。主イエス・キリストの御名によって祈ります。アーメン。

（二〇一一年一月二十三日）

あとがき

既に語ってしまった自分の説教を読むことは滅多にない。しかし、今回は校正という機会を与えられたので読んでみた。病気以前の自分の説教に興味があったからでもある。変わったことは分かっていたが、これほどまでとは思わなかった。今は実際に語るよりも一か月も前に準備をし、言語を中心とした釈義と説教が結びついたものになっている。だが、この当時は一週間前から少しずつ準備を始め、土曜日の朝から夜中まで書いていた。すべての経験が説教に入りこむという感じである。

そういう中で絶えず思っていたことは、世の中のクリスマスは「甘すぎる」という思いだった。皆、古い自分を喜ばせすぎる。聖書を読めば、クリスマスとは神ご自身が危険な旅に一歩を踏み出したことである。神様がその在り方を変えたのだし、御子も十字架への歩みを始めたのである。それは必ず罪人の一人として死ぬことを意味する。その御子を我が身に迎えるクリスマス（キリスト礼拝）が、家族や恋人、あるいは友人たちが会って楽しむだけであるはずがないではないか。

主イエスは言われた。

「だれも、新しい服から布切れを破り取って、古い服に継ぎを当てたりはしない。そんなことをすれば、新しい服も破れるし、新しい服から取った継ぎ切れも古いものには合わないだろう。また、だれも、新しいぶどう酒を古い革袋に入れたりはしない。そんなことをすれば、新しいぶどう酒は革袋を破って流れ出し、革袋もだめになる。新しいぶどう酒は、新しい革袋に入れねばならない」。

（ルカによる福音書五章三六―三八節）

「新しい布になる」とか、「新しい革袋になる」とかだけを聞けば一瞬聞こえはいいが、それは古い布や古い革袋の終わりを意味し、それまでの自分の終わりを意味する。それは生半可なものではない。しかし、その覚悟がなければ、クリスマスを祝う意味はないと言うべきだろう。

そういう思いの中で聖書を読み、語ったのが収録された説教だと言ってよいと思う。今回は体力的なことも考えて「黙想」は書かないが、「あとがき」に書いた思いがすべてだとも思う。

本説教集は、入院前に教文館の渡部満社長に口では言っていたものだったが、退院後に原稿に目を通した社長が出版を決めてくださり、本日を迎えることができた。また、編集はこれまで同様に、同社の奈良部朋子さんがやってくださった。いずれも感謝である。

毎回、耳をこらして聴いてくれた中渋谷教会の皆様には、心から感謝を申し上げる。また、本になったものを読んでくれる読者の皆様も、新しい自分になれるように心から祈る。

二〇一六年四月

及川　信

《著者紹介》

及川　信（おいかわ・しん）

1956年　東京生まれ
1980年　立命館大学文学部史学科卒業（東洋史専攻）
1984年　東京神学大学博士課程前期修了（旧約学）
1984-1986年　日本基督教団仙川教会伝道師
1986-2001年　単立松本日本基督教会（現日本基督教団松本東教会）牧師
2008-2015年　青山学院大学・同女子短期大学講師（キリスト教学）
現在　日本基督教団中渋谷教会牧師
著作　『アブラハム物語――説教と黙想（上・下）』（教文館、2011年）、『アダムとエバ物語――説教と黙想』『ノアとバベル物語――説教と黙想』（教文館、2012年）、『盲人の癒し・死人の復活――ヨハネによる福音書　説教と黙想』（一麦出版社、2013年）、『天地創造物語――説教と黙想』（教文館、2014年）、『主の祈り――説教と黙想』（一麦出版社、2015年）

イエスの降誕物語 ―― クリスマス説教集

2016年9月15日　初版発行

著　者　及川　信
発行者　渡部　満
発行所　株式会社　教文館
〒104-0061　東京都中央区銀座4-5-1
電話 03(3561)5549　FAX03(5250)5107
URL　http://www.kyobunkwan.co.jp/publishing/

印刷所　株式会社平河工業社

配給元　日キ販　〒162-0814　東京都新宿区新小川町9-1
電話 03(3260)5670　FAX03(3260)5637

ISBN978-4-7642-6119-8　Printed in Japan